JN113063

薬学部

橋口佐紀子

ぺりかん社

はじめに

「薬学部」と聞いて、どんなイメージが浮かびますか？

多いのは、「薬剤師をめざす人のための学部」「薬剤師の資格を取るための勉強」というイメージではないでしょうか。これは、半分正解で、半分不正解です。

この本の中でこれから紹介していくように、薬学部を卒業したあとの進路は、薬剤師として病院や薬局で働くだけではありません。企業に就職する人、研究を続ける人、行政機関で働く人などさまざま。企業にしても、薬に直接かかわる会社だけではなく、食品や飲料品、化粧品、化学メーカーなど、実は幅広いのです。

薬学部の出身者が、そうした幅広いフィールドで活躍しているのは、なぜでしょう？

それは、薬学部での学びが幅広いから。

この本を書くにあたって薬学部の教員、学生、卒業生にインタビューをさせていただく中で、共通して話してくれたことのひとつが、「薬学部の勉強は幅広い」ということでした。生物、物理、化学をバランスよく学びながら、人の体のこと、医療も学ぶ。そして、グループワークやレポートをまとめる機会も多いので、話す、聞く、伝える、書くスキルも身につきます。こうした幅広い学びは、将来薬剤師をめざす人はもちろん、どんなフィールドで働くにしても、きっと強みになります。

そして、もうひとつ、最初に知っておいてほしいことがあります。それは、薬剤師をめざすのなら、6年間大学に通う必要があるということ。同じように6年間学ばなければいけない学部には、医学部、歯学部、獣医学部がありますよね。薬学部は、以前は4年制でしたが、２００６年から、薬剤師をめざすための教育は6年制になりました。「以前は4年間で薬剤師の資格が取れたのにどうして？」と、思う人もいるでしょう。

ひとつには、医療や薬に関連する科学がどんどん発展しているから。遺伝子情報をもとにした薬や、患者さん一人ひとりに合わせた投与計画など、高度で複雑になっている医療、薬のことを学ぶには十分な時間が必要なのです。

また、薬剤師に求められる役割が広くなっていることも理由のひとつ。チーム医療の一員として、患者さんやほかの医療職とかかわる場面が増えているのです。

大学選びは、その先の人生を左右するもの。薬剤師という仕事に興味のある人はもちろん、医療や薬、自然科学に興味のある人にも、これからの進路を考える処方箋として、この本を役立ててもらえればうれしいです。

著者

薬学部　目次

1章 薬学部はどういう学部ですか？

2章 薬学部ではどんなことを学びますか？

3章 薬学部のキャンパスライフを教えてください

4章 資格取得や卒業後の就職先はどのようになっていますか？

5章 薬学部をめざすなら何をしたらいいですか？

＊本書に登場する方々の所属・情報などは、取材時のものです。

1章

薬学部は
どういう学部ですか？

Q1 薬学部は何を学ぶところですか？

「薬をつくる」「薬を使う」ために薬を学ぶ

風邪をひいたときやケガをしたときなど、薬のお世話になったこと、あるよね？　たった一錠の薬を飲んだだけで、つらかった鼻水や咳がピタッと止まったり、頭やお腹の痛みが治まったり、薬の力ってすごいよね。インフルエンザのような身近な病気から、がんや心臓病といった重い病気まで、ほとんどの病気で、治療のとっても重要な部分を占めているのが、薬だ。

薬が体の中でどんな働きをしてくれているのか、考えたことはあるかな？　口から飲む薬の多くは、胃で溶けて小腸で吸収され、肝臓を通ったあと、血液の流れに乗って全身を回りながら、問題が起こっている場所にたどり着く。そこで、細胞になんらかの指令を伝える「情報伝達」に影響を与えることで、不快な症状を抑えてくれているんだ。

薬がどんな働きをしているのかを理解するには、その薬に含まれている化学物質がどん

な形をしていてどんな性質をもっているのかを知らなければいけないし、それぞれの病気がどうやって起こっているのかも知らなければいけない。薬は体の中で作用するのだから、私たちの体についても、臓器レベル、細胞レベル、分子レベル、遺伝子レベルで知らなければいけないんだ。さらには、薬って、一つひとつ形も大きさも違うよね。そこにも理由があって、届けたい場所に届きやすいように、その形にデザインされているんだよ。

あの小さな薬には、それだけたくさんの知識や知恵、技術が詰まっているんだ。そんな薬についてくわしく学び、適切に使える人になること、世の中のためになる薬をつくれる人になることをめざすのが薬学部だ。

ベースは自然科学

薬学部での学習のベースとなるのは、自然科学の知識だ。薬学部をめざす人は理系科目が得意な人が多いと思う。薬学部では、高校までに学んだ生物、物理、化学の内容をもっと深く学び、ある薬を服用したときに体内で起こるさまざまな反応を、科学的に説明できるようになるんだ。物理について学びたいと思ったら工学部という選択肢もあるし、生物について学びたいと思ったら農学部、化学について学びたいと思ったら理工学部という選択肢もある。そのなかで、生物も物理も化学も幅広く学べるのが薬学部の特徴だ。

もうひとつ大切なことは、薬学部で学ぶことは最終的に患者さんのための医療や健康につながるということ。薬学は、薬を通して医療や健康に貢献する学問なんだ。

薬剤師をめざすための勉強

「薬剤師になりたいから薬学部に行きたい」という人も多いと思う。薬剤師になるには、薬剤師国家試験に合格しなければいけないのだけれど、試験を受けるには薬学部で6年間学ばなければいけない。薬学部での6年間は、国家試験の合格をめざして、必要な知識や技術を身につけるために学ぶという面もある。

薬学部は、以前は4年間だったのが、

主な学部の系統別分類

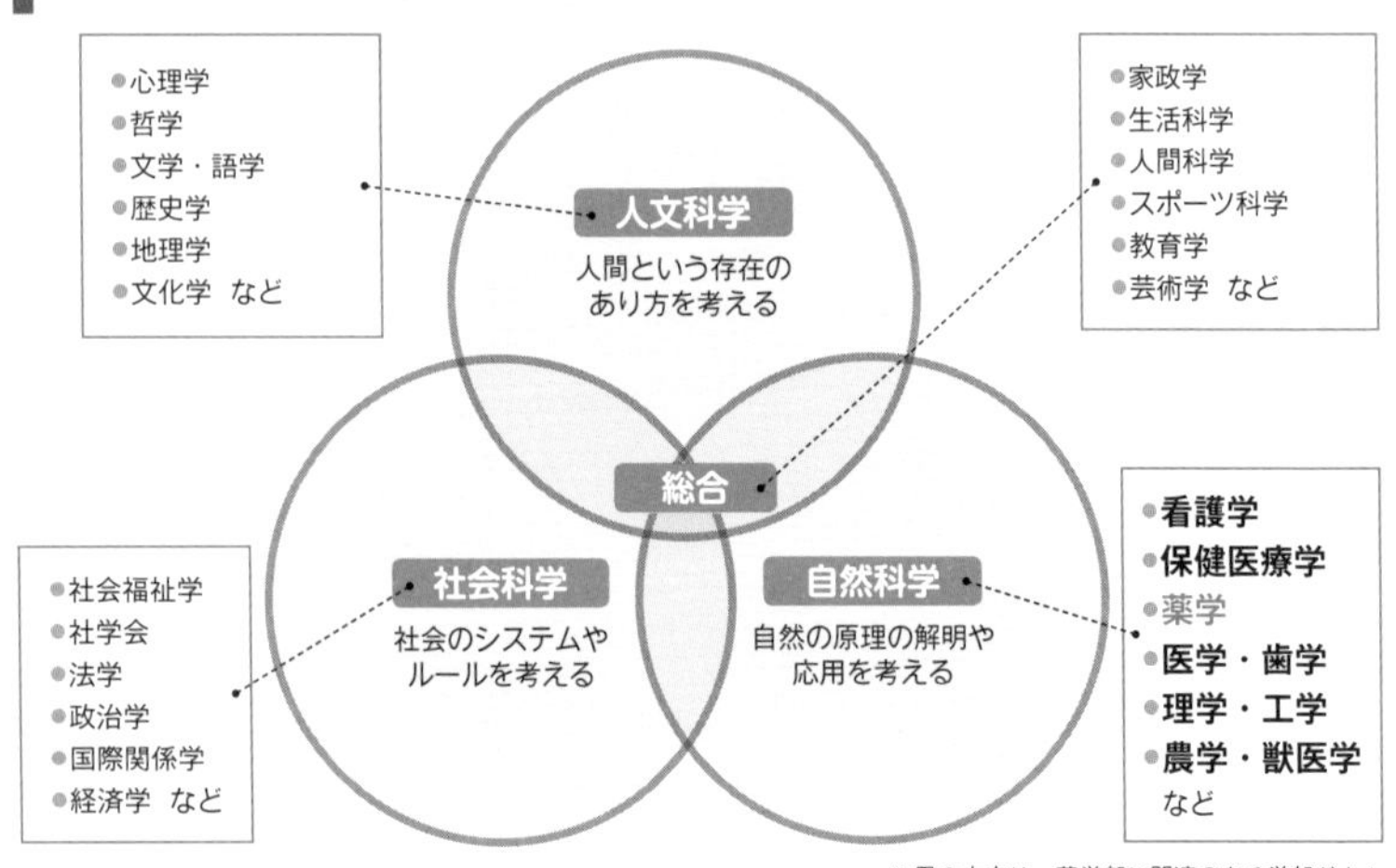

※黒の太字は、薬学部に関連のある学部だよ！

2006年度から、薬剤師を養成することを主な目的とする薬学科は6年制に変わった。2年間延びたことで何が充実されたのかといえば、いちばんは、薬剤師としての「臨床力」を養うこと。

今の医療では、薬剤師も医師や看護師などといっしょにチームの一員として話し合ったり、病棟に入って患者さんから直接話を聞き、薬の説明をしたり、人とかかわりながら仕事をすることが求められる。だから、薬学部では、薬学の知識を身につけるだけではなく、医療人としての人間性をみがくことも大切なんだ。

薬をつくる研究者をめざすための勉強

薬剤師を養成することともうひとつ、薬学部の使命が、薬をつくる研究者を育てること。新しい薬をつくることのできる国はそう多くはない。日本は、新薬の開発品目数がアメリカ、スイスに次いで世界で3番目に多い国なんだよ。だから、薬をつくるということは、世界の医療を支えることにもなるし、日本の経済を支えてもいるんだ。

Q2 どんな人が集まってくる学部ですか？

「人助けがしたい」「人の役に立ちたい」人

人の役に立つことが好き。誰かの力になりたい。命を救う仕事がしたい――。

薬学部を志す人は、そんな思いをもっている人が多い。

どんな仕事も世の中のためになるから存在しているわけだけれど、そのなかでも医療は直接的に人の役に立ち、誰かの命や人生を救うもの。特に薬は、ひとつの薬の存在が、何千人、何万人もの命を救い、世界中の人びとの生活を豊かにしてくれる可能性を秘めている。だから、医療のなかでも「薬」について勉強する薬学部を選んだ、という人は多いんだ。

薬学部に通っている学生や卒業生に話を聞くと、早い段階から薬学部に決めていた人もいれば、「医療にかかわる仕事がしたかったから、最初は医学部も考えた」という人も。

ではなぜ薬学部を選んだのかという理由でよく耳にしたのが、「目の前の患者さんだけで

はなく、世界中の患者さんに貢献できると思ったから」だった。それともうひとつ、何人かの人から聞いたのが「血を見るのが苦手だから」という理由。「医療にかかわりたい」という思いを出発点に、「どういう形で医療にかかわりたいのか」を考えて薬学部にたどり着く人が多いんだね。

理科が好き、得意!

医療というくくりの中で薬学部を選ぶ人は多い一方で、そうではなく、「理系の科目が好きだった」「理系科目が得意だった」という理由で薬学部を選択する人もいる。

Q1でも紹介したように、薬学のベースは生物、物理、化学といった自然科学系の知識だ。だから、中学、高校までの授業でこれらの科目が得意で、「大学で学びを深めたい」と、薬学部を選ぶ人も。特に化学が好きだったという人が多いかな。

それと、「実験が好き」という人にもお勧めだ。たとえば、「2種類の液体を混ぜたら色が変わる」といった実験で、目の前で起こる変化にワクワクして、「おもしろいな、どうしてこうなるんだろう?」「なんでこんな反応が起こるんだろう?」とどんどん理由を知りたくなった人がいると思う。そのように「なんで?」という好奇心、探究心をもてる人は、薬学部の勉強にとても向いていると思う。

薬学部の先生に教えてもらったのだけれど、ペットボトルの緑茶飲料に入っているカテキンと、急須で淹れたお茶に入っているカテキンは、実は性質が違うそう。ペットボトルの緑茶飲料では、製造過程で熱を加えるので、カテキンの構造が少し変わるらしい。といっても、体に害になる変化ではなく、むしろ体にとってプラスになる変化が起こるそう。おもしろいよね。

このように、薬学の研究テーマは身近なところに転がっているから、「なんで？」とおもしろがることが新しい発見につながる。研究だけではなく、将来薬剤師として働く上でも、患者さんの話を聞いて検査値の変化を見て、「なんで？」を考えることはとても大切なことなんだ。

薬剤師になりたい人がやっぱり多い

薬剤師という国家資格に魅力を感じて、薬学部をめざす人も多い。国家資格を取れることは、やっぱり魅力的だよね。特に女性にとっては、ライフステージが変わっても働き続けやすいというよさがある。実際、産休や育休を経てまた職場に復帰する人、子育てをしながら働いている人、年齢を重ねても長く働いている人は多いんだ。

ただ、国家資格に期限はないとはいえ、薬剤師という資格を本当の意味で社会に活かすには、自分自身の知識を常にアップデートするために勉強を続けなければいけない。その覚悟はもっておいてほしい。

ちなみに、薬学部には、くわしくは2章で説明するように6年制の「薬学科」と4年制の「薬科学科」があるのだけれど、6年制のほうは女子学生が多く、4年制のほうは男子学生が多い傾向があるよ。

医療にかかわりたいけれど……

医学部に進学する人は卒業後ほとんどが医師になり、看護学部に進学する人はほとんどが看護師になる。でも、薬学部はというと、ちょっと違うんだ。薬剤師として病院や薬局で働く人はもちろん多いけれど、「薬をつくりたい」と製薬企業に就職する人、「食から健康を支えたい」と食品メーカーや飲料メーカーに就職する人、ヘルスケア事業を扱う商社に就職する人など、さまざま。医療や健康にかかわりたいけれど、臨床だけではなく、いろいろな可能性を考えたいという人にとっても、薬学部は魅力的だと思う。

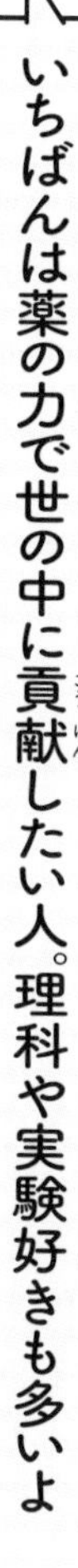

Q3 学んだことを社会でどう活かせますか？

薬剤師として患者さんの治療に貢献する

薬学部の卒業生に話を聞くと、みんな、「薬学部時代に学んだことのほとんどが今の仕事に活かされている」と話してくれる。それだけ、大学で学んだことを社会に出てからそのまま活かしやすいのが、薬学部の特徴だ。

薬剤師の仕事は、医師が書いた処方箋に従って薬をそろえて患者さんに渡すだけ、というイメージをもっている人もいるかもしれないけれど、実際はもっと複雑で、もっと専門的な知識を要するもの。たとえば、薬の投与量ひとつとっても、患者さんの体重や肝臓・腎臓の機能などによって変わってくる。それを、薬学部で学んだ「薬物動態学」の知識をもとに計算して、医師が投与計画を立てるのをサポートするのも、薬剤師の役割なんだ。

また、医師だって人間だから間違うこともある。間違って飲み合わせの悪い薬が出ていたり、同じ作用をもつ薬が同時に出ていたりすることも。そうしたときに処方箋を見て気

付き、医師に確認を取ることも薬剤師が担う大切な役割だ。もしも気付かずに、患者さんがそのまま薬を飲んでしまったら、副作用が出たり、最悪の場合、命にかかわるかもしれない。薬剤師は、患者さんの手元に薬が渡る前に最終チェックする〝最後の砦〟のような存在なんだ。

もっといえば、最近では医療が進化し、たとえばがんの薬物治療では一人ひとりの遺伝子を調べて、その人に合った薬を選ぶ「個別化医療」が進んでいる。そのなかでは、薬のことだけではなく遺伝子のこともわかっている薬剤師が必要になる。

このように、医療が高度化、専門化するのにともなって、薬剤師も、薬のプロフェッショナルとしてより高い専門性を求められるとともに、活躍の場は広がっているんだ。

新しい薬をつくり出し、世界中の患者さんに貢献する

新しい薬が世の中に出るまでには、薬の候補となる物質を見つけて、細胞や動物を使って有効性や安全性を調べ、それをクリアしたものについて人間を対象に有効性や安全性を調べ（これを「治験」と呼ぶ）、国の承認を得るという長い長い道のりがある。

開発には10年から20年もの年月を要し、数百億円というコストがかかるといわれているんだ。しかも、候補となる化合物が実際に薬となる確率は、なんと3万分の1ほど。薬の

開発がいかに大変か、わかるよね。

薬は直接体内に取り入れ、体に作用するものだから、何度も何度も吟味して、「これは有効だし安全だ」という確証が得られなければ、「薬」として認めてもらえないんだ。今世の中に出ている薬は、その3万分の1の試練をくぐりぬけてきたものだからこそ、私たちは安心して使うことができるんだね。

薬の開発は長い年月とたくさんの苦労を要するものだけれど、その結果、生み出された薬はたくさんの人の命や生活を支えている。たとえば、「イベルメクチン」という薬。これは寄生虫を駆除する効果があり、寄生虫によって引き起こされる「オンコセルカ症」という病気の特効薬となった。そして、アフリカなどでは無償で提供され、年間3億人以上の人に使われ、激しいかゆみや皮膚の変色、失明といった苦しみから人びとを救っているんだ。このイベルメクチンのもととなった細菌は、静岡県のゴルフ場近くの土から発見されたもの。発見者の大村智さんは、のちにノーベル生理学・医学賞を受賞している。

日本の土から見つかった発見が、遠いアフリカでたくさんの人たちを失明から救う薬につながったんだ。薬学部で学ぶ「薬」は、目の前の患者さんはもちろん、世界中の患者さんの命や生活を守っているということ、わかってもらえたかな。

健康をサポートする

ここまで病気を治すという話をしてきたけれど、そもそも病気にならないようにできたらいちばんうれしいよね。**病気の予防や健康維持でも、薬学の勉強は活かされるんだ。**

医師や看護師がいるのは主に病院やクリニックだけれど、薬剤師は薬局やドラッグストアにもいるよね。薬局やドラッグストアに来るお客さんは、病気の人だけではない。病気ではないけれど何となく不調を感じている「未病」の人も多い。

平均寿命が延びて高齢の人が増えている日本では、病気になる前の「未病対策」も、とても大切なこと。そして、医療職のなかでも未病の人との接点が多いのが、薬局やドラッグストアに勤めている薬剤師だ。だから、「どうしたらもっと健康に暮らせるのか」という相談にのり、地域の人たちの健康をサポートすることもできるんだ。

それから、サプリメントや食品、化粧品といった薬以外のモノの開発にかかわり、健康をサポートする道もある。薬学の知識はいろいろな方法で社会に活かすことができるよ。

目の前の患者さんから世界中の患者さんまで、命と生活を支えられる

2章

薬学部では
どんなことを学びますか？

Q4 薬学部には主にどんな学科がありますか？

主に二つに分かれている

　薬学部には主に二つの学科がある。ひとつは、薬剤師をめざす「薬学科」。もうひとつは、薬をつくる研究者や技術者をめざす「薬科学科」だ。

　薬学科と薬科学科――。文字だけを見ると、一文字違いで紛らわしいよね。どちらも薬について学ぶということは同じだし、名前もとても似ているけれど、実は大きな違いがあるんだ。

　薬学科のほうは6年制で、卒業すると薬剤師国家試験の受験資格が得られるけれど、薬科学科のほうは4年制で、国家試験の受験資格は得られないんだ。このことは大きな違いなので、薬学部をめざすなら必ず覚えておこう。

　もしも「薬剤師になりたいな」と思っている人が、間違って薬科学科のほうに入ってしまったら大変だよね。多くの薬学部では、受験の時点で6年制の薬学科と4年制の薬科学科は分かれているんだ。

一方で、薬剤師をめざすにしても薬の研究者をめざすにしても、薬について学ばなければいけないということは共通しているから、入学の時点では学科はあえて分けず、1、2年生までは同じカリキュラムで進むところもある。

数が多いのは6年制の薬学科

薬学科と薬科学科は、どの大学にも必ず両方あるわけではない。6年制の薬学科のほうがずっと多くて、薬学科のない薬学部はないけれど、薬科学科をもたない薬学部は結構多いんだ。

薬学部にある主な学科

なかには、もともとは4年制と6年制の両方をもっていたものの、6年制のみに統一した大学もある。

2022年度では、全国の薬学部のうち、6年制は84学科あって定員は1万1682人なのに対して、4年制は28学科で、定員は1413人。学生の定員は、6年制のほうが8倍近く多いんだね。

学科の名前は大学によって若干異なる

ここまで「薬学科」と「薬科学科」という名前を紹介したけれど、これらの名前は大学によってちょっとずつ違う。

6年制のほうは、「臨床薬学科」や「医療薬学科」といった名前を使っている大学もあるし、4年制のほうは「薬をつくる」という意味で「創薬科学科」、生命現象や生物の機能を学ぶという意味で「生命薬科学科」「生命創薬科学科」という名前を使っている大学もあるよ。

それから、6年制のほうの学科として、一般の薬学科とは別に、漢方について専門的に学ぶ「漢方薬学科」も設けている大学も。ちなみに、6年制であれば、名前は違っていても薬剤師国家試験の受験資格は得られるので安心してほしい。

6年制の「薬学科」と4年制の「薬科学科」の二つ

そのほか、めずらしいところでは、ある私立大学では6年制の薬学科、4年制の薬科学科のほかに、管理栄養士をめざす「医療栄養学科」（4年制）がある。薬学部の中に栄養を専門に学ぶ学科があるのはここだけだ。

6年制と4年制の両方の学科をもっているのか、それぞれの定員はどのくらいか、どんな学科名なのかといったことを調べると、その大学の考えや大事にしていることが見えてくる。いくつかの大学を見比べてみてほしい。

Q5

薬学科では何を学びますか?

薬剤師に求められる10の資質

薬学科は薬剤師になるための知識、技術、姿勢を学ぶ。同じ薬剤師という国家資格をめざすのに、大学によって学ぶ内容がバラバラだったら困るよね。だから、「薬学科はこういう勉強をしましょう」という「薬学教育モデル・コアカリキュラム」が決まっていて、これに基づいて勉強を行うんだ。コアカリキュラムでは、薬剤師として求められる資質をつぎのように定めている。

①プロフェッショナリズム
②総合的に患者(かんじゃ)・生活者をみる姿勢
③生涯にわたって共に学ぶ姿勢
④科学的探究
⑤専門知識に基づいた問題解決能力

⑥情報・科学技術を活かす能力
⑦薬物治療の実践的能力
⑧コミュニケーション能力
⑨多職種連携能力
⑩社会における医療の役割の理解

薬学科では、これらをすべて身につけられるよう、学んでいくんだ。

基本から始まり、だんだん専門的な内容を学ぶ

具体的には、どんな内容を学ぶのかというと、まず「薬剤師としての基本」や薬剤師を取り巻く制度や法律などの「社会と薬学」を学び、薬や生命に関する基礎科学を学ぶ「基礎薬学」、病気と薬について学ぶ「医療薬学」、健康と環境について学ぶ「衛生薬学」と、だんだん専門的な分野に進んでいく。

それぞれについては、つぎのページから説明しよう。

6年かけて薬剤師に求められる知識、技術、姿勢を学ぶ

Q6

薬学科の「薬剤師としての基本」では何を学びますか？

薬剤師としての姿勢を学ぶ

薬学科でまず学ぶのは、薬剤師として、医療人としての姿勢だ。薬剤師になるには、専門的な知識や技能だけではなく、人の命と健康を守るものとしての使命感や責任感、倫理観をもっていることが求められる。

だから、授業の中でも、患者さんの話を聞いたり、出生前診断や延命治療、クローン技術といった医療倫理にかかわる問題についてグループでディスカッションをしたり、老いや死について自分の考えをまとめたりと、人の話を聞くとともに自分なりの考えをまとめて発言する機会もたくさんあるよ。その中で、多様な考えを知り、受け止め、医療人としての意識を高めていくんだ。

医療人としての心構えをもつために、1年生の比較的早い段階で、早期臨床体験として病院や薬局に見学に行く大学も多い。また、車いす体験や高齢者疑似体験、アイマスク

をして歩く視覚障害体験など、高齢者や障害のある人の不自由さを疑似体験するような授業もある。

コミュニケーションスキルも学ぶ

薬剤師は薬と向き合う仕事と思っている人もいるかもしれないけれど、本来は、患者さんや家族から話を聞いたり薬について説明したり、ほかの医療職と治療方針について話し合ったり、薬を通して人と向き合う仕事だ。だから、コミュニケーションスキルもとても大切なんだ。グループワークやプレゼンテーション、ロールプレイ、医学部・看護学部などとの合同授業など、コミュニケーションスキルを養うような授業も、1年生のときから始まる。

ただ、医療人としての使命感や責任感、倫理観も、コミュニケーションスキルも、すぐに身につくものではないよね。決して焦らなくてもいい。6年間かけて学習を重ねながら、深めていけばいいんだ。

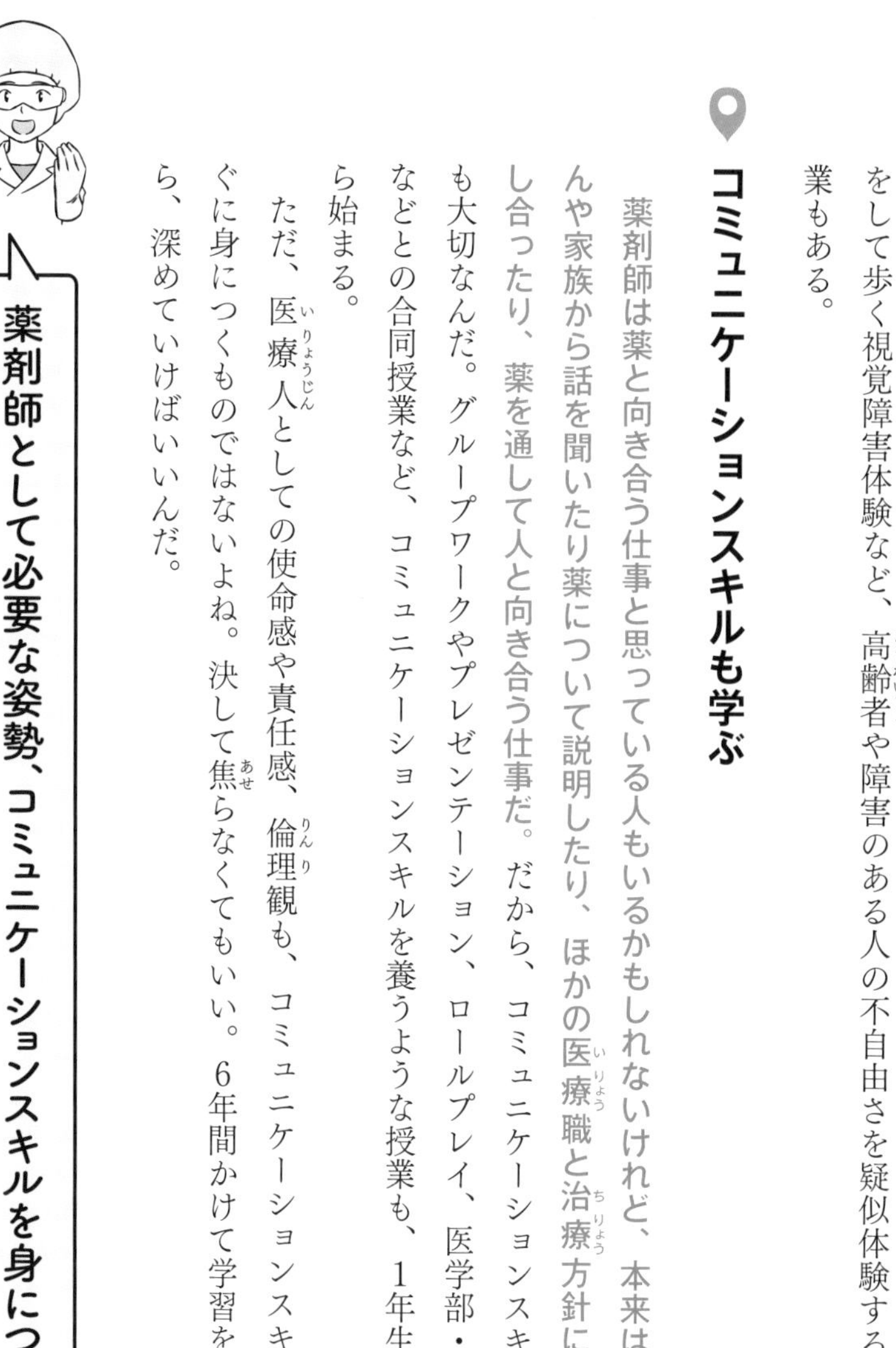

Q7 薬学科の「社会と薬学」では何を学びますか？

薬剤師にかかわる法律、制度を理解する

医療は法律に基づいて行われるもの。薬剤師として働く上でも理解しておかなければいけない法律、制度はたくさんあるんだ。

日本では、保険証さえ持っていれば、全国どこの病院、クリニックにでも行くことができて、どこに行っても同じ金額で医療を受けることができるよね。でも、海外では、最初にかかる医療機関は決まっているような国もある。日本の医療制度はどうなっているのか、薬の価格はどうやって決まるのかなど、医療、薬にかかわる仕組みを勉強していくよ。

たとえば、薬にかかわる仕事をする上で絶対に知っておかなければならないのが、「薬機法」。正式には、「医薬品、医療機器等の品質、有効性及び安全性の確保等に関する法律」という。将来薬剤師をめざす人はもちろん、薬や医療機器関連の企業、化粧品や健康食品、ヘルスケア関連の企業で働く上でも理解しておくと役立つ知識なんだ。

社会を知る、教養を身につける

日本では今、高齢化率が年々高まっていて、誰もが住み慣れた地域で医療や介護をはじめとした、いろいろな支援やサービスが受けられるように「地域包括ケアシステム」を構築しようという動きが進んでいる。薬剤師も、その一員として活躍することが求められているんだ。**将来薬剤師になるにしても、企業に勤めるにしても、薬学の知識を社会で活かしていくわけだから、社会を知ることも大切だよね。**

それから、社会を知るといえば、薬学科の1年生（大学によっては1、2年生）では一般教養科目も学ぶ。社会学や心理学、経済学、哲学など、薬と直接関係のない分野の授業もあるんだ。多くの大学では、自分が興味のあるものを選択できるようになっている。

なぜこうした教養科目を学ぶのかといえば、視野を広げるため。将来薬剤師としてかかわるのはさまざまな年代、職業、考えの人たちだ。相手を思いやり、広い視点で思考できるようになるには、幅広い分野の学問にふれることも大切なんだ。

薬剤師を取り巻く制度、社会について学ぶ

Q8

薬学科の「基礎薬学」では何を学びますか？

薬のベースにある自然科学を学ぶ

Ｑ１でも伝えた通り、薬学のベースになるのは、生物、物理、化学の知識だ。

まず、薬を物質として理解するには、原子・分子の構造や熱力学、反応速度論といった物理の勉強が欠かせない。化学物質を適切に分析するための方法を学ぶにも、物理の知識が必要になる。

化学関連では、薬の作用や副作用を予測できるようになるために、化学物質がどんな化学構造式をしていて、どんな性質、反応をもっているのかを学んでいく。同時に、薬がターゲットとする生体内の分子の化学構造や性質についても学ぶんだ。それから、薬のなかには、生薬といって、自然界に存在するもの、またはその一部を用いる天然由来の薬もあるよね。そうした天然物の化学構造についても学習する。

薬が作用するのは体だから、当然、体についても学ぶ。私たちが意識しなくても心臓は

絶えず動いているし、ちょっとしたすり傷はいつの間にか治っている。体って不思議だよね。高校までの生物の授業でも、体の仕組みについて勉強するけれど、薬学部では、臓器レベル、細胞レベル、分子レベル、遺伝子レベルと、深く掘り下げて学習していくよ。

物理、化学、生物は、薬について専門的に学んでいく上でとても大切な学問だから、基本的な知識、基本的な原理から学んでいく。そして、おたがいに重なる部分もあるから、「物理化学」「生化学」「生物物理化学」といった授業もあるんだ。

実験を安全に行うための知識、技術も学ぶ

薬学部では、1年生の後期あたりから午前は座学（講義）、午後は実習（実験）という時間割になる。毎日何かしらの実験があるほど実験が多いのは、実験を通して科学的な思考を身につけるため。薬学基礎では、実験を安全に効果的に行えるようになるために、実験に用いる試薬や器具の使い方、動物実験を行うにあたってのルールや倫理、実験ノートの取り方など、実験の基礎についても学ぶよ。

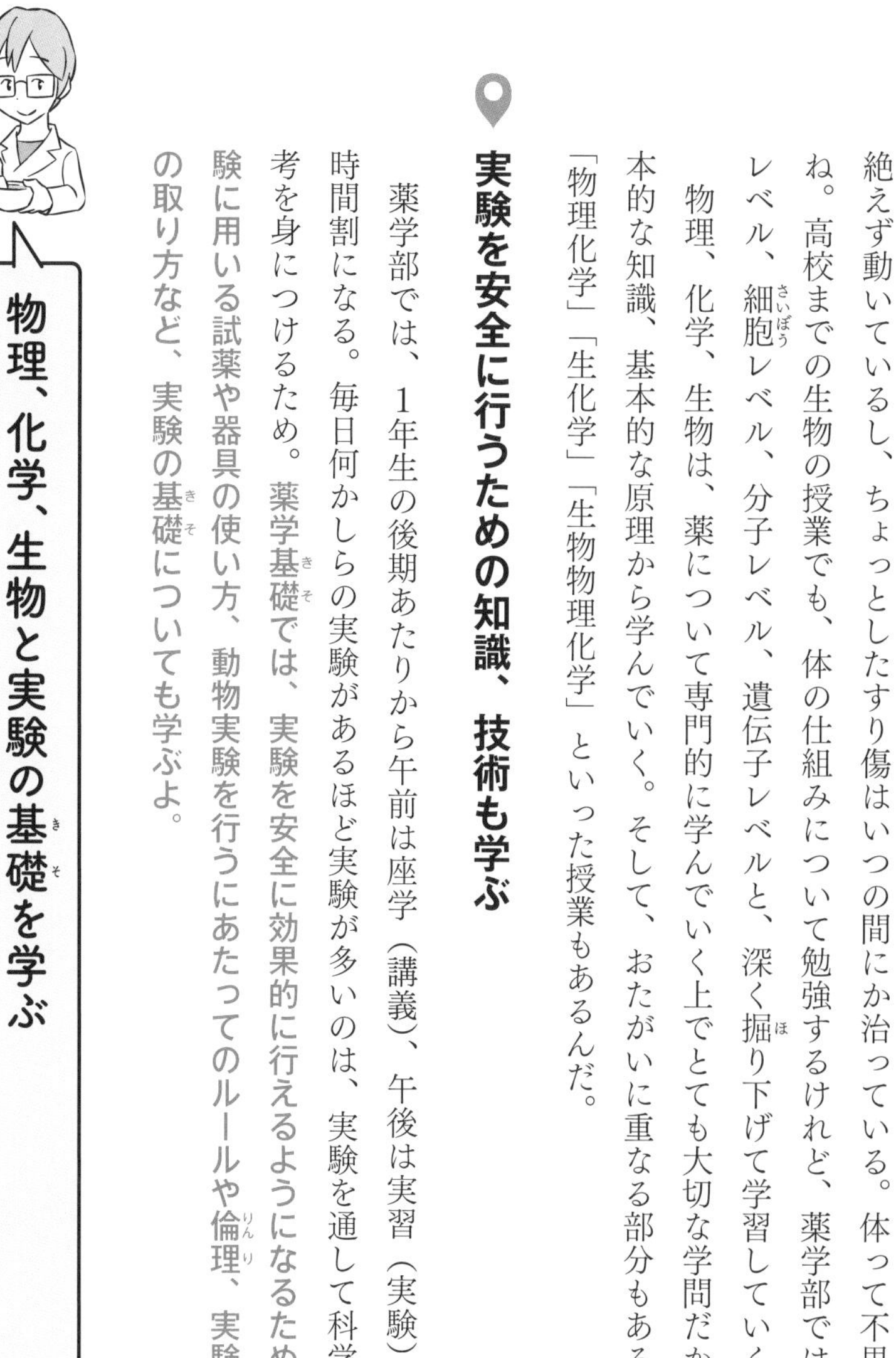

物理、化学、生物と実験の基礎を学ぶ

Q9

薬学科の「医療薬学」では何を学びますか？

病気や薬、薬物治療についてくわしく学ぶ

薬学基礎で学んだことを応用して、代表的な病気とその症状、治療に使われる薬について専門的に学んでいく。薬学基礎は、薬について学んでいく上でベースとなる知識の勉強なのに対し、医療薬学はより薬学部らしい学びだね。ここでは、主な授業を紹介しよう。

【薬理学】薬理とは、薬物によって起こる生理的な変化のこと。「薬はどのようにして効くのか」を学ぶのが、薬理学だ。患部にまでたどり着いた薬は、細胞の表面や細胞内にある受容体とくっついて、何らかの作用を引き起こす。薬理学では、自律神経系、呼吸器系、循環器系などの分野ごとに、代表的な薬について具体的な作用とメカニズムを学んでいく。

【薬物動態学】体内に取り入れた薬が効いてから、体の外へ出ていくまでの〝道のり〟を学ぶ学問。薬を安全に効果的に使うには、必要なときに必要な量の薬を必要な場所に届けたいよね。薬物動態学を学ぶと、代表的な薬の「生体内運命（吸収・分布・代謝・排泄の

こと)」を数式で表し、薬物の血中濃度や体内にある時間を予測できるようになるんだ。

【薬物治療学】病気と薬物治療について学ぶ。症状から病気を予測できるようになること、血液検査や尿検査などいろいろな検査値を理解できるようになること、その上でさまざまな病気の治療に使われる代表的な薬について用法や用量、薬効や副作用などの基本的な知識を身につけることをめざす。

【製剤学】「薬物(体に影響を与える化学物質のこと)」を、患者さんに投与できる「薬剤」としてデザインする学問。私たちが服用している薬剤は、薬物に、薬を固めやすくしたり溶ける時間を調整したりするための添加物を加えてできている。また、薬には錠剤やカプセル剤などいろいろな形があるよね。そうした製剤化のための知識や技術を学ぶよ。

【医薬品情報学】薬物治療に必要な情報を適切に収集・評価・加工して患者さんや医療チームに提供するための知識、技術を学ぶ。医学・薬学の文献やデータベースを検索する方法、臨床研究の行い方についても身につけていくんだ。

こうしたことを教室で学んだあと、薬局・病院実務実習(54ページ参照)に入っていく。

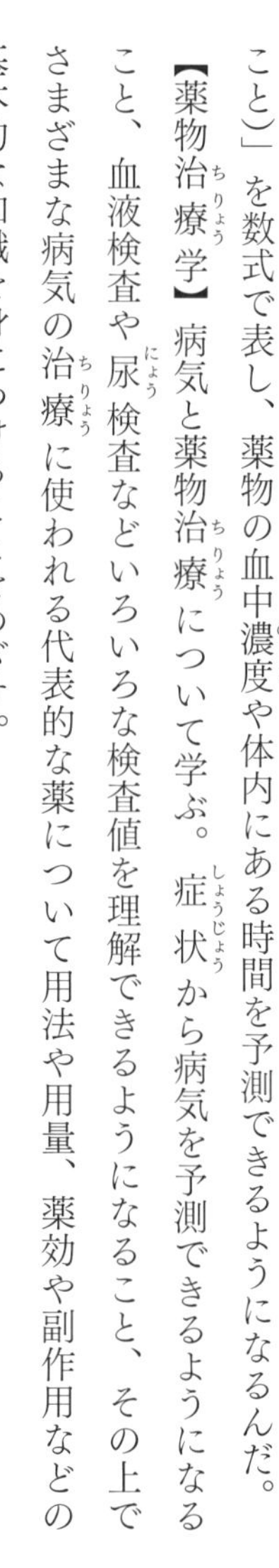

薬に関する専門的な知識、スキルを学ぶ

Q10 薬学科の「衛生薬学」では何を学びますか？

集団の健康について学ぶ

「衛生薬学」は、集団の健康と病気について学ぶ授業だ。生活にかかわる身近な健康問題について、現状や原因を学ぶんだ。

ところで、そもそも「健康」ってどういうことだと思う？　病気がないこと？　健康診断で問題がないこと？　ＷＨＯ（世界保健機関）は、「健康とは、病気でないとか、弱っていないということではなく、肉体的にも、精神的にも、そして社会的にも、すべてが満たされた状態にあること」と、定義している。

そうした「健康とは何か」を考えることから始まり、「保健統計」を見て日本ではどういう病気が多いのかを知り、集団の健康を守る「公衆衛生」や、生活習慣病の種類や予防法、感染症の種類や予防法などについて学んでいく。

最近では、新型コロナウイルス感染症の流行が問題になったよね。新聞やニュースで

も大々的に報道されて、「怖いな」と思った人もいると思う。ある感染症が発生したときに、どうすれば感染が広まらないようにできるのかも、衛生薬学の中で出てくるよ。

食品や環境と健康の関係についても学ぶ

生活習慣病の要因のひとつが食生活であるように、食事と健康はかかわりが深いもの。「衛生薬学」では、食生活が健康に与える影響についても学ぶんだ。

脂質・糖質・タンパク質という三大栄養素がどのように消化・吸収・代謝されていくのか、ビタミンやミネラルにはどんな種類があり、どんな役割をもっているのか、なぜ食べ物は腐るのか、食中毒はどうして起こるのか、代表的な食品添加物の役割は——など、身近なテーマを科学的に学習していく。「食品と健康に関する講義を聞いて、自分の食生活も気をつけるようになった」と話してくれた学生もいたよ。

また、放射線の体への影響や地球規模の環境問題が人に与える影響など、環境と健康の関連についても学ぶんだ。

健康、食品、環境について学ぶ

Q11 薬科学科では何を学びますか？

薬を扱う者として必要な人間性、知識、技術を学ぶ

４年制の薬科学科では、薬をつくる研究者に必要な姿勢や専門知識、技術を学んでいく。人の体に作用する薬を扱う者としての倫理観や使命感を身につけること、薬について知ることは、薬科学科も同じなので、基礎薬学までの勉強は薬学科とだいたい共通している。だから、薬学科と薬科学科の両方をもっている大学では、１、２年生までは同じ授業を受けることが多いんだ。

早期体験学習として、病院や薬局、製薬企業などを見学に行く大学も多い。「薬剤師をめざす学科ではないのに病院や薬局の見学もあるのか」と不思議に思うかもしれないけれど、薬を使うのは人。だから、薬学の勉強・研究では、患者さんや薬剤師さんが薬をどのように使っているのか、どんなことを感じているのかを知ることはとても大切なことなんだ。

１、２年生で教養科目や物理・化学・生物系の基礎を幅広く学んだあと、３年生あたり

から創薬や生命科学に関する授業、演習に入っていく。基礎以外の授業は、自分の興味に合わせて選択できる大学が多い。薬科学科は、薬学科とは違ってコアカリキュラムは決められていない。大学ごとの違いもあるので、各大学のカリキュラムを見比べてほしい。

研究のスキルを身につける

薬科学科は、主に研究者をめざす人のための学科だから、研究に費やす時間が長いことも、薬学科との違いで大きなところ。薬科学科では、3年生または4年生から研究室に所属して、卒業研究が始まる。少人数で指導を受けながら、ひとつのテーマについてじっくり向き合う中で、問題解決力や論理的な思考を養っていくんだ。

研究室では自分の研究を進めるだけではなく、週に1回程度集まって、研究の進捗状況を共有したり、論文を読んだり、学会発表の予定がある人のプレゼンテーションを聞いたりする時間もある。もちろん自分が学会に参加するときには、プレゼンの練習も行う。その中で社会に出てから必要となるコミュニケーション力やプレゼン力も養っていくんだ。

薬学研究者として必要な知識と研究スキルを学ぶ

Q12 薬学部と結びつきやすい学問分野はなんですか？

医療系の学問とはやっぱりかかわりが深い

薬学部では、薬だけではなく、人の体のこと、健康のこと、病気のことも学ぶ。薬剤師をめざすにしても、薬の研究者をめざすにしても、「医療にかかわる」ことは共通しているから、結びつきやすい学問分野といえば、やっぱり医療系の学問かな。

「連携教育」といって、医学部生や看護学部生などと合同で行う教育に力を入れている大学は増えている。「患者さんのための医療」をめざすことは共通している一方、そのアプローチは違う。おたがいの視点や考え方を知ることで、医療者としての視野が広がるんだ。

ところで、薬を使うのは人間だけではない。動物にも使われる。薬学部を卒業後、動物用の薬の開発にかかわる人もいる。**その意味では、動物を診る獣医学もかかわりが深い分野だね。**ちなみに、ほとんどの動物病院では獣医師が薬物治療も調剤も行っているけれど、一部の動物病院（獣医科大学の付属病院など）では薬剤師が働いているんだよ。

体に取り入れる食について学ぶ栄養学

栄養学は、食品や食品に含まれる栄養素について学ぶ学問だ。さまざまな栄養素が体内でどう吸収・代謝され、どんな働きをするのかを学んでいく。ね、薬学部での学びに近いでしょう？　そもそも、自然界にある植物や生物から効きそうな成分を見つけ出してつくったのが、薬のはじまり。薬のなかには特定の食べ物との飲み合わせが悪いものもある。だから、薬学を学ぶには、栄養学の知識も必要なんだ。

生命現象や生物を学ぶ生命科学

薬や病気について学ぶには、生命現象や生物について学ぶことも不可欠。もしかしたら生命科学系の学部と薬学部で進路を悩んでいる人もいるかもしれないね。重なるところもあるけれど、薬学は常に「医療に役立つこと」「患者さんのためになること」がゴールにある。そのための学問であるということが、とても大事なんだ。

世界一にもなれ、人を救うこともできる夢のある勉強です

慶應義塾大学
薬学部　創薬物理化学講座　教授
金澤秀子さん

研究が好きで、薬学部卒業後は病院付属の研究所に。患者さんと向き合い、研究を行っていたものの、自分の力不足を感じて大学院へ。その際、薬剤師の仕事も経験。今は、研究者、薬剤師としての経験を活かしながら大学で教え、研究も続けている。

薬には物理化学の知識が詰まっている

私が教えている物理化学は、学問としては難しい印象をもたれがちですが、薬をつくる「製剤」の技術には、物理化学の知識がたくさん詰まっています。

たとえば薬の有効期限は、どのように決めるのでしょうか？　新しい薬の有効期限を決めるには長期間保存して成分が変化しないかどうかを検証しなければいけません。ただ、それでは新しい薬が世の中に出るのが遅くなってしまいます。しかし、湿度や熱などによって有効成分が変化するのは何年先なのかは、化学反応速度からある程度予測することが可能です。

また、薬は物理化学的性質を利用してデザインしています。たとえば、ぜんそくの治療に使用する「吸入薬」では、粒子の大きさによって、肺のどこまで届くかが変わります。あまり細かすぎると肺にとどまらずに呼気で外に出てしまいます。しかし、肺胞まで到達させるには、3マイクロメータ以下の細かい粒子が適しています。効かせたい場所に薬が届くように、粒子の大きさをデザインしているのです。

薬の投与計画を支援する

製剤だけではなく、臨床においても、服用後どれくらいの時間で、薬が溶解し、効き目を表すのかなどを物理化学の知識から予測することもできます。

現在、分子標的薬などのよく効く薬が増えています。昔の薬よりもキレがよいのですが、一人ひとりの患者さんに合わせて使用しなければ効果が十分に得られないばかりか、副作用が起こる可能性もあります。特に副作用の強い抗がん剤などは注意が必要です。

薬を処方する医師は、もちろん薬の知識はありますが、個人に合わせた薬の体内動態や投与計画は薬剤師の得意とするところです。最近の個別化医療（パーソナライズド・メディスン）では、薬剤師が医師とともに協力して、薬物療法を行うようになっています。

このように、医療が高度化し、医師だけで治療を担うのが難しい時代になり、チーム医療の重要性がますます高まっています。慶應義塾大学薬学部では、低学年から医学部や看護医療学部の学生とともに医療について学び討議し、上級生はいっしょに病棟を回るという、3学部合同教育を行っています。そのような医療教育を受けた学生が、将来それぞれの専門職に就き、チームとなることで、患者さんにとってよりよい医療が実現すると思います。

研究には夢がある

私自身は研究が大好きで、現在は薬を分析する新しい手法の開発や、体内での薬物の動態をコントロールして薬の効果を高め、副作用を軽減するドラッグ・デリバリー・システムの研究をしています。

薬学の研究は、基礎研究であっても、医療に貢献することを目的としています。その点が、理工学部や農学部などと違うところです。そして、このことは共通していますが、研究には夢があります。たとえば、私は運動が得意ではありませんので、オリンピックに出ることはできませんが、専門分野の研究では海外での国際学会で第1位を受賞したことがあります。まったく無名の研究者だったころに、研究論文が評価されて、アメリカ化学会のトップレベルの学術誌の表紙となり感激したこともありました。好きなことでグローバルに活躍ができるのは、私の場合は研究者となったからこそだと思います。

薬学部では、卒論研究にも力を入れています。研究者をめざしていない学生にとっても、研究する機会は大切だと考えるからです。たとえば、患者さんは一人ひとり違いますから、臨床現場ではマニュアル通りにはいきません。未知のことに直面したときに、どのように問題を解決していくかは、まさに研究と同じでしょう。研究は失敗の連続ですが、その過程の中から、よりよい方向を見つけ出すことが研究のおもしろさでもあります。そのような経験は、将来、臨床現場に限らずさまざまな職場でも生きてくると思います。

キャリアが安心につながる仕事

これまで主に研究と教育を行ってきた私ですが、大学院での5年間、短期間ですが休日にアルバイトで薬剤師として働いたこともあります。たとえアルバイトでも薬剤師として働くからにはプロでなくてはなりません。私も処方箋の間違いに気付き、医師に連絡して変更してもらうこともありました。

これは疑義照会という薬剤師の大切な仕事です。もし、薬剤師が気付かずに患者さんが間違った薬を飲んでしまったら大変です。薬は病気を治すこともできますが、使い方を間違うと命にかかわることもあります。

薬剤師は、人の生命にたずさわる大切ですばらしい仕事です。しかし、そのためには常に最新の医療について学び続けることが必要です。多くの薬剤師は、休日に学会や大学で開催される薬剤師のための講座に参加するなど、常に知識をアップデートしています。ずっと勉強と聞くと「大変だな」と思うかもしれませんが、薬剤師は、積み重ねてきたキャリアが患者さんの健康と安心につながる、とてもやりがいのある仕事です。

卒業後は、国家試験に合格し薬剤師として医療機関で働くだけではなく、製薬企業や医療機器メーカー、商社、食品や化粧品メーカーなど、幅広い分野で薬学の知識を活かすことができますので、医療に関心はあるけれど、まだ将来の道を絞り込めていない人にとっても、薬学部で学ぶことは大変有意義であると思います。

薬を創る・使うために薬を知る

富山大学
薬学部　薬物生理学研究室　教授
酒井秀紀さん

生命現象を物理化学的に解き明かす「生物物理化学」が専門。薬学部をめざす中高生に伝えたいのは、「薬学は人とかかわる学問だから、まわりの人とのつながりを大事にしてほしい。好奇心をもってのびのびと生きてほしい」ということ。

生命現象の不思議に迫る

「薬を知る」「薬を創る」「薬を使う」という三本柱で、生命現象の不思議に迫り、患者さんが苦しめられている病気の根源を探るというのが、薬学部で学ぶことです。富山大学の薬学部は薬学科と創薬科学科に分かれていて、薬学科は薬剤師になる人が多く、創薬科学科は薬の研究者をめざす人が多いのですが、薬について知らなければ患者さんに処方して使うことはできませんし、研究もできません。だから、「薬を使う」「薬を創る」という薬学部の両輪を支えているのが、「薬を知る」ことなのです。

「くすりの富山」といわれる富山県では、300年以上前から売薬さんが活躍し、今でも製薬関連企業が県内に100社弱あります。

富山大学では、「富山のくすり学」という授業を設け、富山の薬の歴史について学ぶとともに、実際の製薬工場を例に最先端の製剤の実例を伝えています。また、「製薬企業と創薬」という授業では製薬企業の人を、「薬学経済」という授業では社会に出ていろいろな分野で活躍している卒業生を招き、現場の話を聞く機会をつくっています。

細胞の中と外は真逆の環境

私がメーンで担当しているのは、先程の「富山のくすり学」のほか、「生物物理化学」と「トランスポーター論」です。といっても、わかりにくいですよね。ひとつ、例をあげましょう。

海にすむイカの血液が海水に近いということを知っていますか？ 海水の名残があり、塩化ナトリウムが多く含まれているのです。それは人間の血液も同じ。イカと濃度は違いますが、やっぱり塩化ナトリウムが多く含まれている。だから、生理食塩水が点滴に使われるのです。

血液は細胞の外を流れていますが、細胞の中と外では環境がまったく異なります。細胞の外はナトリウムイオンと塩化物イオン（クロールイオン）が多く、細胞の中にはそれらは少なく、カリウムイオンが多い。なぜかといえば、もしも細胞の中と外が同じ環境だったら〝動き〟が生まれないからです。たとえば、血液内の栄養が細胞に取り込まれるのも、中と外が非対称だから。では、どうやって中と外の環境を分けているのかというと、その役割を担っているのが細胞膜です。細胞膜は油でできていて、水は若干通しますが、イオンは通さないのです。ところが、まったく通さないのでは困りますよね。そこで、細胞膜には「トランスポーター」と呼ばれるタンパク質が埋まっていて、それを通してイオンが中から外へ、外から中へ運ばれています。つまり、原則的には油で閉じて中と外が厳密に分かれているけれど、膜に埋まっているタンパク質のおかげで必要なときに必要なぶんだけ通っているのです。

健康診断で血液検査を受けたときに、ナトリウム、カリウム、クロールの値を、ぜひ見てください。必ず、ナトリウムとクロールは多くて、カリウムは少なくなっています。

多角的な視点が薬学の強み

「どうして細胞の中と外では非対称が生まれるんだろう？」「どうしてイオンは、細胞膜を通れないのだろう？」など、生物現象の不思議を物理化学的に解き明かすのが、生物物理化学。そして、膜に埋まっているタンパク質の動きを学ぶのがトランスポーター論です。ミクロな領域ですが、トランスポーターをターゲットとする薬は多く、しかもよく効くものが多いので、薬を学ぶにはトランスポーターを理解する必要があるのです。

薬学は、化学、物理、生物、数学、英語、さらには生命科学、自然科学を幅広く学びます。理学や農学、工学と重複している分野もありますが、一般的にこれらはひとつのことを深く学ぶのに対し、薬学は幅広くバランスよく学んでいろいろな分野に貢献できるところが強み。人を対象とする薬をつくるには、ひとつの視点だけではダメで、多角的な視点が不可欠なのです。

だから、これから薬学部をめざす中学生、高校生のみなさんには、広くいろいろなことに挑戦し、学んでほしい。中・高校生から質問を受けたときには、「何か得意なことがあるに越したことはないけれど、それよりも、『見るのも嫌だ』というほどの苦手科目をもたないでほしい」と、いつも伝えています。

AI（人工知能）が進化したら?

もうひとつ、最近よく聞かれるのが、「AIが進化したら薬剤師の仕事はどうなるのか」ということ。過去のデータを蓄積すれば、症状に対して、処方や調剤を自動化することは可能でしょう。現在でも、棚から薬剤をピックアップする作業、取りそろえた薬が正しいかどうかをチェックする監査作業などはすでに機械化が始まっています。

では薬剤師は必要なくなるのかといえばそうではなく、目の前の患者さんの表情や声色などから不安や心配を汲み取ったりすることはAIにはできませんよね。だから、人にかかわる部分はAIには無理です。たとえば、最近ではこころの病気が増えていますが、そうした方に対応するのはやっぱり人。AIには任せられませんよね。

また、年々医療費が上がっている中、軽度な不調は市販薬を使い、病気にならないように健康管理をしましょうというセルフメディケーションを国は推進しています。その相談役を担うのも薬剤師の大事な仕事です。「作業を機械に任せることで楽になる部分を、いかに医療の質の向上に役立てられるか」と考えることが、これからの薬剤師に求められる使命だと思います。

3章

薬学部のキャンパスライフを教えてください

Q13 薬学部ならではの授業はありますか？

薬学部出身者に「学部時代、いちばん印象に残っている授業は？」「薬学部ならではの授業は？」と聞くといちばん多い回答が、薬局や病院での実務実習だ。

薬局や病院で「実習」する

6年制の薬学科では、必ず薬局と病院にそれぞれ2・5カ月ずつ実習に行く。

薬局の実務実習は、まず処方箋に従って薬剤をそろえることから始まる。慣れてきたら、粉薬の分包（1回分に分けて包むこと）や錠剤の一包化（1回分の薬をひとまとめにパックすること）、軟膏の準備（軟膏を混ぜて軟膏つぼに入れる）、そして患者さんに薬剤を手渡しながら説明を行う「服薬指導」まで、一連の調剤業務を実習する。

実習とはいえ、白衣をまとって患者さんの前に立つのだから、身だしなみから言葉づかい、表情まで気を配らなければいけない。それに、薬局では患者さんのカルテ（診療録）を見られないので、処方箋の内容から「風邪だな」「高血圧だな」などと考えて、患者さ

んへの服薬指導を行わなければいけないんだ。

病院での実務実習では、調剤業務のほか、病棟業務も体験する。担当の患者さんをもち、その患者さんに新しい薬が出されたら、ベッドサイドに行って説明を行う。服用後も患者さんから話を聞き、ちゃんと効果が出ているか、副作用はないかなどを確認する。

実務実習は、それまでに大学の授業で学んできたことを、薬局や病院という臨床現場で体験することだが、実際の患者さんや現場で働いている医療職と接する中で新たに学ぶことは多い。1枚の処方箋をさばくスピードに驚かされたり、薬を毎日飲んでいる患者さんから「どんな薬か」を教えてもらったり、実際の医療現場で問題になっていることを知ったり。そうしたリアルな体験から、薬剤師の役割を身をもって学び、卒業後の自分の働き方を考えていく。

患者さんと向き合う中で理想とする薬剤師像が明確になり、勉強のモチベーションが上がる人もいれば、なかには「薬剤師の仕事は自分には向いていない」と気付き、別の道を選ぶ人もいる。5カ月間の実務実習は、自分の将来を考える期間でもあるんだ。

実務実習に行くための試験も

実務実習に行く前には、「薬学共用試験」という全国共通の試験を受ける。これに受からなければ、実務実習を受けることはできないんだ。

試験は2種類あって、ひとつは「CBT（Computer-Based Testing）」といって、薬学の基礎知識を問うもの。選択問題が310問出され、コンピュータ上で回答していく。一人ひとりに異なる問題がランダムに出されるのが特徴だ。

もうひとつは、実技を評価する、「OSCE」。「患者・来局者応対」「薬剤の調製」「調剤鑑査」「無菌操作の実践」「情報の提供」という五つの領域について一人ずつ評価者の前で実技を行う。患者・来局者応対と情報の提供は、模擬患者に対して行い、どういう言葉かけをするかが見られるんだ。

試験の前には約2カ月かけて事前学習を行うので、学んだことを本番でもできれば、クリアすることができる。でも、ものものしい雰囲気の中で行われるので、「万が一落ちたらどうしよう……」と、緊張して頭が真っ白になる人も。だから、緊張しても動けるように事前の学習が大事なんだ。

多職種連携を学ぶ授業も

医療はチームで行うことはすでに伝えたよね。チーム医療の実践には、おたがいの職種への理解やチームワークが不可欠だから、それらを学生のうちから養うために、ほかの

医療職をめざす学生たちとともに学ぶ「多職種連携教育」を取り入れる大学が増えている。医学部や看護学部などの学生とチームを組んで、病院見学、病棟実習を行う大学もある。実際の患者さんに対して「どういう治療、どういうケアが必要か」、意見を出し合うことで、おたがいの視点や価値観を学ぶんだ。

動物を使った実験もある

薬は、最終的には人や動物という生き物に使われるもの。だから、薬学部の実験では、動物を扱うものもある。マウスやラットにある薬物を注射して、その作用を観察する実験や、体の構造を知るためにマウスやラットの解剖を行うこともある。

そう知ると、「薬学部は無理かも……」と不安になる人もいるかもしれない。でも、解剖は誰だって怖いんじゃないかな。命の大切さをわかっているからこそ、怖いと感じるんだよね。教科書で見るだけでは学べないことがあるから、命をいただいて学ばせてもらうんだ。そのことに感謝をして真剣に取り組むことが大切なんだよ。

薬局や病院で学ぶ実習、実習のための試験、動物実験など

Q14 薬学部ならではの授業外活動はありますか？

ボランティアや健康教室で視野を広げる

薬学部をめざす人は、「誰かの役に立ちたい」「人助けがしたい」といった気持ちをもっている人が多いと思う。週末や夏休みなどの時間を利用して、ボランティア活動に参加する人もいる。大学のほうでも、患者さんや障害のある人と交流するボランティアを紹介したり、地域の高齢者を対象にした健康教室を開催して参加を募ったりと、学生のボランティア活動を後押ししているんだ。

授業のなかでも患者さんと接する機会はあるけれど、そこでは医療者と患者という関係になりがち。ボランティア活動の中で、患者さんや障害者、高齢者のふだんのようすを知り、雑談もまじえて会話をすることで、新しい気付きを得られるし、コミュニケーションの取り方の勉強にもなる。

ボランティアサークルに入っている人、被災地の支援活動を仲間たちと続けている人、

また、英語の勉強もかねて、発展途上国の医療支援などの海外でのボランティア活動に参加する人もいるよ。

クラブ活動で先輩・後輩、ほかの医療系学生と交流

薬学部は勉強が忙しい学部ではあるけれど、勉強だけではなく、クラブ活動も楽しんでいる学生は多い。総合大学の場合は、全学部生共通のクラブのほかに、薬学部生のみのクラブや、医療系の学部が同じキャンパスに集まっている場合には、医療系の学部生のみのクラブもある。

薬学部生のみのクラブには、一般の大学と同じようなスポーツ系、文化系のもののほかに、植物研究会や漢方研究会など、薬学部らしいものもある。クラブ活動は、先輩、後輩、OB・OGなど同学年以外の人とも知り合えることもよいところ。先輩からは勉強の仕方、試験のコツを教えてもらえたり、OB・OGからは就職活動や卒業後の働き方についてアドバイスをもらえたり。アルバイト先を先輩から紹介してもらったという人もいるよ。

医療系の学部生が集まるクラブでは、ほかの医療職をめざす学生たちとも交流できる。たとえば看護学生は、4年で卒業して看護師として働き始める。ひとあし早く社会に出た友人からの話は勉強になると思うし、大学時代に出会った仲間たちとはきっと長くつきあ

いが続くだろうから、卒業後もわからないことを相談できたり、情報を交換できたりする。だから、いろいろな人と出会い、交流を深めてほしい。

薬学部だけの学園祭も

学園祭も、教室を出て人と出会う場だ。薬学部だけの大学でも学園祭は開かれているし、総合大学では、薬学部のみの学園祭を開いているところもあるよ。

クラスごとやクラブごとに模擬店や出し物を行うなど、仲間と一致団結する場でもある。模擬店では、薬膳カレーやハーブティーなど、薬学部らしいメニューも。音楽やダンス、落語などのクラブ活動を行っている学生にとっては日頃の練習の成果を披露する場だね。

そのほか、健康教室や薬草教室、実験教室など、それまでに大学で学んできたことを一般の人たちに伝えるイベントを企画するところも。学ぶ側から教える側に回って、学んできた知識や技術を活かす貴重な機会だ。「このように話すと興味をもってもらえるんだな」「このように伝えるとわかりやすいんだな」と、話し方やコミュニケーションの取り方を学ぶ機会にもなるね。

これから大学を選ぶ中高生の人にとっては、それぞれの大学の雰囲気を知るいいチャンスだ。学園祭内で、受験生向けの相談会を設けている大学も多いんだ。

ボランティアやクラブ活動、アルバイトでの出会いも大切

薬学部生ならではのアルバイト事情

薬学部生のアルバイトは、大きく二つのタイプに分かれるかな。ひとつは、薬局やドラッグストアなど、薬学部の勉強に関係するもの。薬剤師資格がないので、実務実習のように学んできたことをすべて実践できるわけではないけれど、調剤の補助や事務仕事をしながら、薬剤師の仕事を身近に見ることができる。患者さんやお客さんへの声のかけ方、対応の仕方を学べるよね。

一方で、薬学とはまったく関係のないアルバイトをしている人もいるよ。飲食店とか家庭教師とか、いろいろ。薬学部は忙しいから、家からの近さやシフトの柔軟性などで選ぶ学生が多いようだ。なかには、「野球が好きで、球場でアルバイトをしていました」という学生も。せっかくだから、就職したらなかなかたずさわれなさそうな分野のアルバイトをするのも、いい経験になると思う。そこには、大学の授業とはまた違う世界が広がっているはずだ。

Q15

この学部ではどんな人や世界にふれることができますか？

薬を使う患者さん

「薬学は、勉強も研究もゴールには常に人がいる。そのことを大事にしてほしい」。これは、薬学部の先生の言葉だ。薬学部で学ぶことはすべて「患者さんのため」につながっている。

ほとんどの学生は、病気といえば風邪くらいで、入院したことも患者経験もそんなにないと思う。だから、「患者さん」の姿をリアルに感じるのは、やっぱり早期体験学習で病院へ見学に行ったときや、薬局や病院で実務実習を受けたときだろう。病気に立ち向かう患者さんの姿を目の当たりにして、「こういう患者さんたちのために勉強しているんだ」と、使命感や責任感が湧き起こり、勉強へのモチベーションが高まる人は多い。薬学部の勉強は「資格を取るため」という面もあるけれど、その先にあるものを忘れないことが大事だ。

社会で活躍している先輩たち

薬学の勉強の先にいる人、世界にふれられる

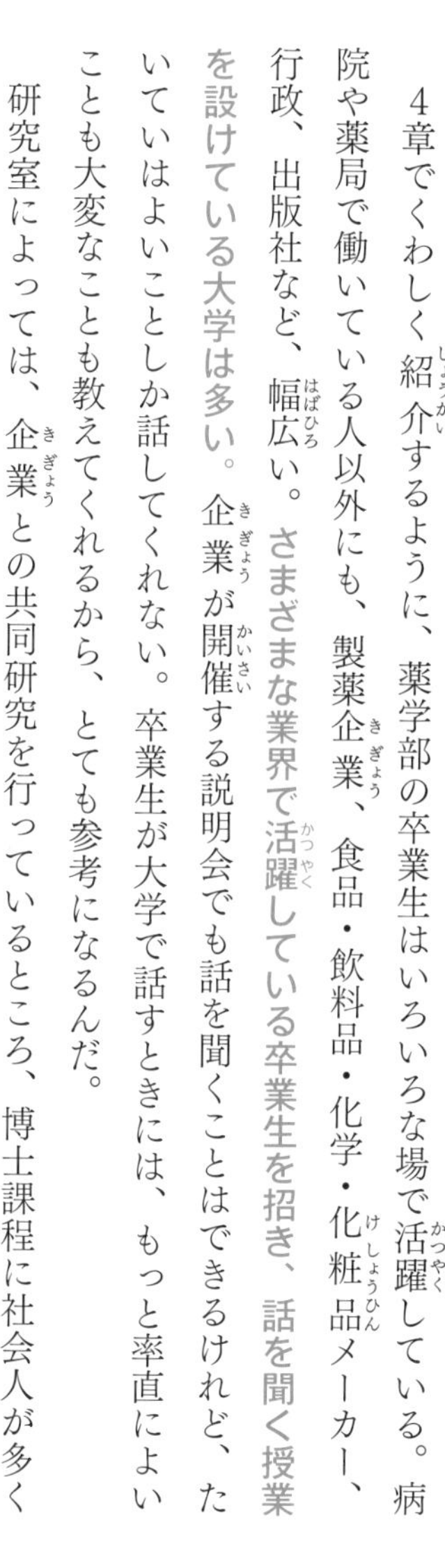

4章でくわしく紹介するように、薬学部の卒業生はいろいろな場で活躍している。病院や薬局で働いている人以外にも、製薬企業、食品・飲料品・化学・化粧品メーカー、行政、出版社など、幅広い。さまざまな業界で活躍している卒業生を招き、話を聞く授業を設けている大学は多い。企業が開催する説明会でも話を聞くことはできるけれど、たいていはよいことしか話してくれない。卒業生が大学で話すときには、もっと率直によいことも大変なことも教えてくれるから、とても参考になるんだ。

研究室によっては、企業との共同研究を行っているところ、博士課程に社会人が多く在籍しているところもある。

最先端の研究にふれられる

大学は、教育の場であるとともに研究の場でもある。だから、講義の中で最先端の研究の話が出てきたり、研究室で最先端の研究の一端にたずさわることができたり、その時代の最先端の知識や技術にふれられるところも魅力だ。

Q16 薬学部の学生の一日を教えてください

ほぼ必修。定期試験の勉強も

大学の授業には、必ず受けなければいけない「必修科目」と、複数ある科目から興味のあるものを選べる「選択科目」があり、ある程度は自分で時間割を組めるのが一般的。

でも、薬学部の場合は、少し事情が違うんだ。1年生のときの教養科目以外はほぼ必修ばかり。1年生のときの選択科目にしても、必修科目が入っていない枠に選択科目を入れるという感じなので、どこかにまとめて空き時間をつくれるほどのゆとりはない。毎日1限目から始まって、夕方までしっかり授業が入っているのが、薬学部ではふつうなんだ。

必修科目をひとつでも落としたら即留年というわけではないけれど、大学によって「○単位以上落とすと進級できない」というルールが決められていて、それをクリアできなければ留年となり、1年分の学費が追加でかかることに。

それに、授業に出席するだけで単位がもらえるわけではなく、科目ごとにある定期試験

に合格しなければいけないんだ。薬学部の定期試験は、カタカナで表記された薬剤の名前と作用をいっきに覚えなければいけないなど、覚えることも多いほか、物理系や化学系など暗記だけでは乗り越えられないものも。だから、試験前にはかなり真剣に勉強しなければいけない。

薬学部の学生に話を聞くと、みんな「想像以上に大変」とのこと。ただ、その大変な日々をいっしょに乗り越えてきたからこそ、「同期の絆は強い」とも話してくれたよ。

午後はほとんど実習・実験

教養科目と基礎科目を中心に学ぶ1年生が終わり、2年生に上がると（大学に

2年生の授業びっしりな一日

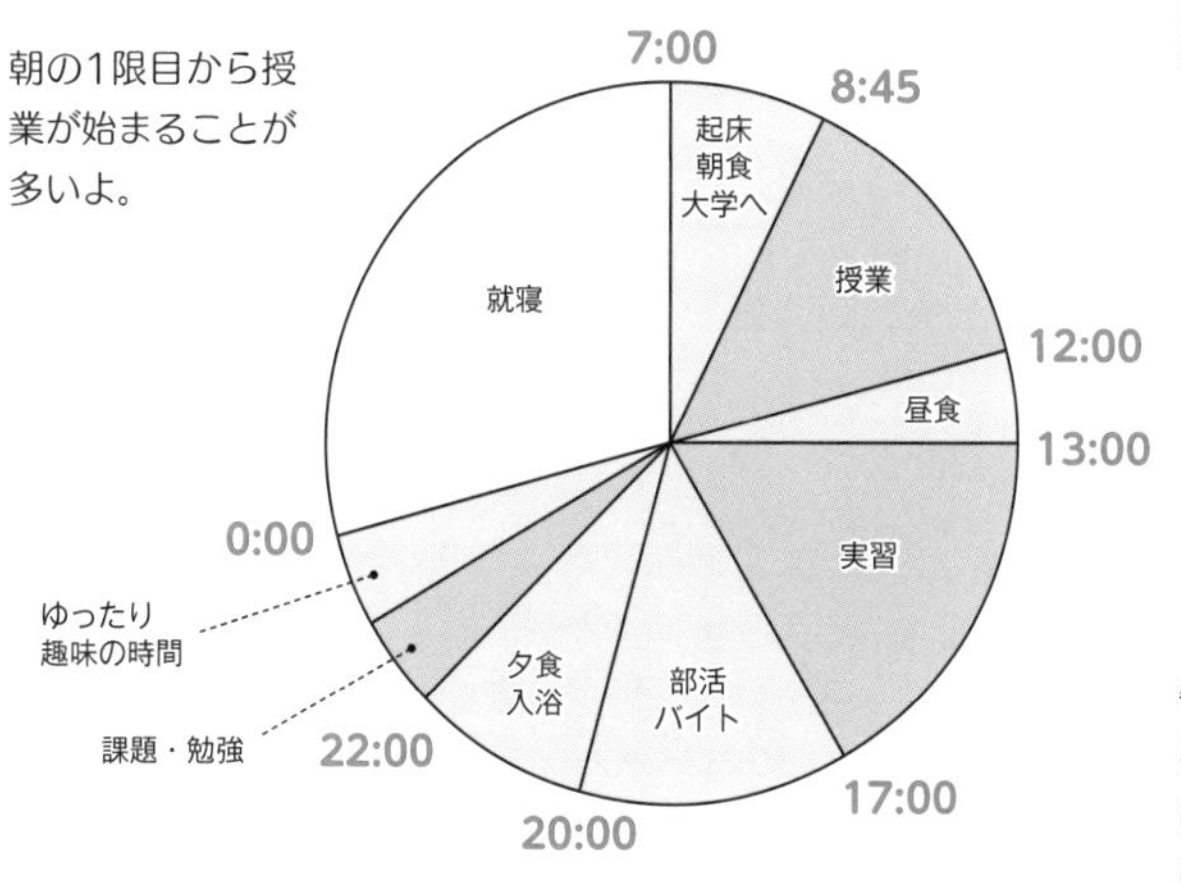

よっては1年生の後期から）、午前に講義、午後に実習という毎日になる。実習は、有機化学の実験、生薬を扱う実験、微生物を扱う実験、動物を用いて薬剤の作用を見る実験など、いろいろ。こうした実験が始まると「薬学部で学んでいる」という実感がより高まるんじゃないかな。

これらの実習は午後いっぱいをかけて行われる。実験が完了すれば終わりなので、実習の内容によって、早めに帰れる日もあれば、遅くなる日もある。なおかつ、実験後は必ずレポートの提出もある。こうした事情があるから、薬学部生は全学部生共通のクラブよりも薬学部生のみのクラブに入っている人が多いんだ。

5年生の実務実習中の一日

実務実習中のほうが、時間のゆとりがあったという学生も。

実務実習が始まる前には試験が立て続けにあるので、勉強時間が長くなる。

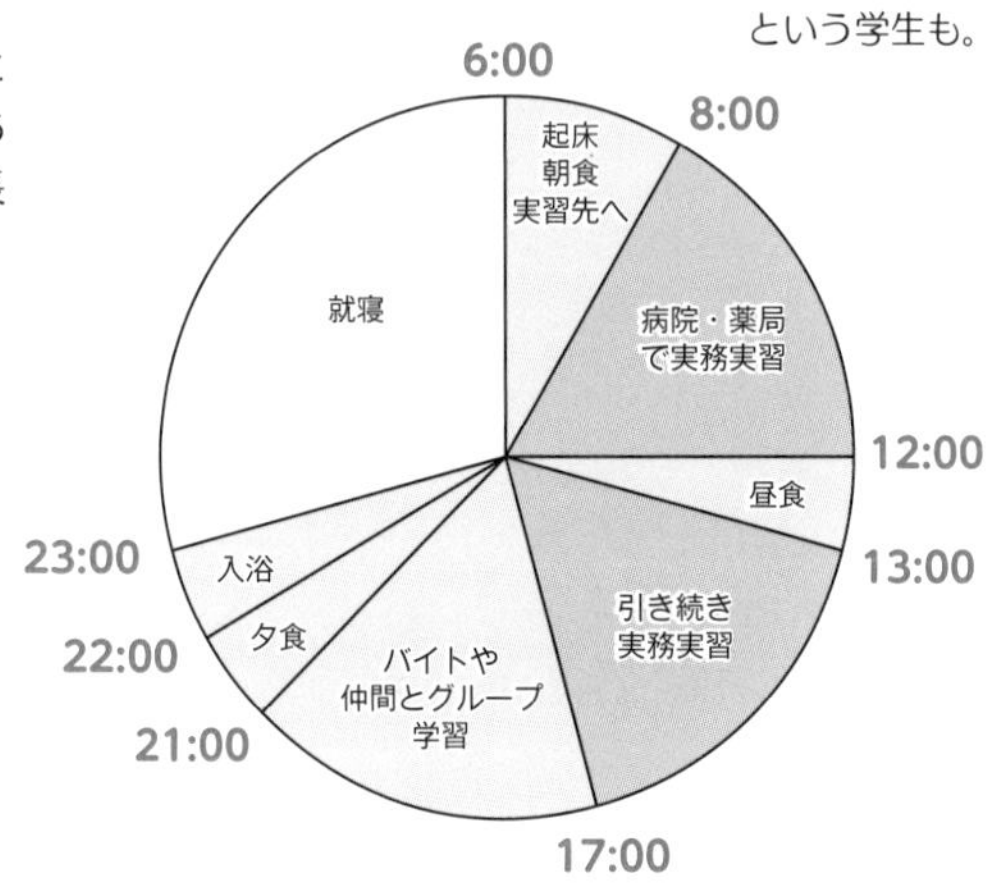

実務実習が始まると、実習先の薬局や病院で一日過ごすことになる。実務実習中も毎日レポートを書いて提出するんだけれど、実習先によっては実習中にレポート作成の時間を設けてくれるところも。その場合、いつもの「午前に講義、午後は実習」の日よりも早く終わるので、むしろ「実務実習中のほうが、ゆとりがあった」という人もいるよ。

薬科学科では研究室での時間が長くなる

4年制の薬科学科の場合、研究室に配属されるまでは薬学科と同じ「午前に講義、午後は実習」の毎日で、研究室に配属になると、ほとんどの時間を研究室で過ごすようになる。研究室ごとに、9時半から18時とか、「この時間帯は研究室にいるように」というコアタイムが決まっていて、それに合わせて研究室に来て、調べものをしたり、実験を行ったり、自分の研究を進めるんだ。どういう手順で行うか、その日にどこまで終わらせるかという計画を立てるのも自分。「この日までに結果を出さなければいけない」というデッドラインは決まっているから、逆算して計画を立てるんだ。

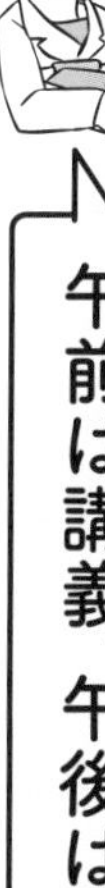

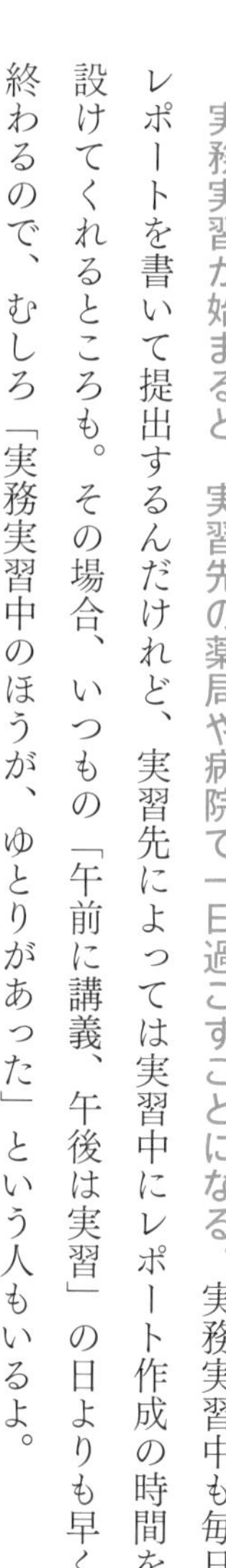

Q17 入学から卒業までの流れを教えてください

専門的に学ぶための土台をつくる1年生

晴れて薬学部生になったら、まずあるのが入学式だ。その後、数日間はオリエンテーションやガイダンスがあり、キャンパス内の施設や授業の内容などについて説明を受ける。

1年生の授業は、薬学の専門的なことを学ぶための土台となる基礎を固めること、教養を高めることが中心だ。高校で学習した物理や生物などが自信のない人のために、学びなおすこともある。基礎の段階では、「薬にどう関係があるんだろう」と思うこともあるかもしれないけれど、建物も土台がしっかりしていないとぐらつくよね。卒業して薬剤師として働き始めてから、薬の作用機序（薬が効く仕組みのこと）を理解するには基礎の理解が欠かせないことを痛感し、「1年生のときに基礎の部分をもっと真剣に勉強しておけばよかった」と話してくれた先輩もいるよ。

1年生の前半には、新入生同士の親睦を図るためにスポーツ大会や宿泊研修を行って

いる大学もある。早期体験学習として病院や薬局、製薬企業に見学に行くのもこのころだ。これから薬学を専門的に学んでいくために、知識だけではなく、心構えという意味でも土台をつくっていくのが1年生だ。

2、3年生で薬学の専門的な勉強を

2年生から薬学の専門的な授業が徐々に始まっていくこと、そして午前は講義で午後は実習というスタイルになっていくことはすでに説明したよね。「薬が体内に入ったときにどんな作用が表れるのか」「それぞれの病気はどのようにして起こり、薬を投与することで体内ではどのような変化が起こるのか」など、病気や体との関連も学んでいく。

物質としての薬から、医薬品としての薬へ、学びが深まっていくんだ。節目ごとに定期試験があり、ちゃんと理解できているか、必要なことを覚えているかが試されるよ。

実務実習に向けた勉強・試験を行う4年生

4年生では、前半は引き続き薬学の専門的な勉強を行い、後半になると薬局・病院での実務実習に向けた「事前学習」が始まる。実務実習では実際に患者さんに対応したり、ほかの医療職と連携したりしながら薬剤師の業務を行うのだから、臨床現場に出て戸惑うことのないように（といっても最初は戸惑うけれど）、2カ月ほどかけて実務実習のための学習を行うんだ。薬学部には、調剤室やモデル薬局などがあり、実際の業務をシミュレートすることができる。

そして、実務実習への参加を認めてもらうための「薬学共用試験」に挑むのだけれど、その共用試験に向けた学内のテストもある。4年生は重要な試験が立て続けにあるので、「いちばん忙しかった」と話してくれた学生もいたよ。

実務実習、卒業研究、就職活動、国試に向けた勉強と進んでいく

5年生で2・5カ月ずつの実務実習が終わると、卒業研究が本格的になり、研

入学から卒業まで

	1年生	2年生	3年生	4年生	5年生	6年生
春	入学式 オリエンテーション			研究室への配属	実務実習	卒業研究 就職活動
夏	夏に留学する学生も（4学期制の大学では2学期に必修を入れず、留学や選択授業などにあてることもある） 基礎学習 教養科目	薬学の専門的な学習	薬学の専門的な学習	薬学の専門的な学習	実務実習	国家試験の勉強
秋				事前学習 薬学共用試験	卒業研究 就職活動	
冬						薬剤師国家試験

究室で過ごす時間が多くなる。同時に、特に企業への就職を希望する人は、インターンシップに参加したり、業界研究・企業研究を行ったりと、就職活動も始まってくる。

さらに、卒業研究が終わると、6年間の勉強の集大成として、卒業試験と薬剤師国家試験に向けた勉強へと突入していく。大学でも国家試験対策の授業が用意されているけれど、最終的には本人がどれだけがんばれるか。そして、2月に国家試験を受けて、結果が出るのがおよそ1カ月後の3月。合格していれば、晴れて薬剤師として働けるんだ。

薬科学科の4年間の流れは

4年制の薬科学科のほうは、1、2年生までは薬学科とほぼ同じで、3年生から研究室に配属され、卒業までの2年間は、自分の研究テーマとじっくり向き合うことになる。薬科学科の学生の多くは大学院に進むので、その研究テーマをさらに2年間かけて深掘りしていく人が多いんだ。

5、6年は実務実習、卒業研究、就活、国試と時間管理も大事

ずっとめざしていた薬剤師 実習で働く姿がリアルに

富山大学
薬学部薬学科　5年生
杉田崇恵さん

著者撮影

忙しい学生生活の中でも、1年生のときには週3回バドミントンサークルに参加。授業が大変なぶん、同期の団結力には自信あり。実務実習を経て早く働きたくなったそうで、卒業後は出身地の大阪で就職予定。

「効いた！」感動から薬学の道へ

私は小学生のころから花粉症もちで、近所の医院に通っていました。最初に出してもらった薬はまったく効かず、鼻水がダラダラ出て苦しかったのですが、別の薬に変えてもらったら鼻水がピタッとおさまったのです。ほんとうに感動しました。

　そのときに、「新しい花粉症の薬があるから試してみたらどうですか？」と医師に提案してくださったのが、薬剤師さんでした。小さな医院で、ふだんから医師も薬剤師さんもフランクに話をしているところだったのです。

　そのことがきっかけで「薬の力ってすごい！」と興味をもつようになり、薬学部に行きたいと思うようになりました。

西洋薬だけではなく漢方も

富山大学に決めた理由のひとつは学費の面で国公立に行きたかったから。もうひとつは、受験科目が自分の得意科目と合っていたから。そんな現実的な理由からでしたが、入ってみたら富山ならではのおもしろい授業がありました。

たとえば、富山といえば、漢方が有名。「和漢医薬学」といって漢方を学ぶ授業もあり、あるときには、「刻み」という、木くずのような見た目の漢方薬を食べ比べる実習がありました。30種類くらいの刻み薬を味見したのですが、ちょっと食べただけで喉(のど)がイガイガするものがあったり、独特な臭(にお)いのものがあったり。なかなかできない体験だな、とすごく印象に残っています。

また、医学部（医学科、看護学科）も同じキャンパスなので、特に1年生のときにはいっしょに授業を受ける機会も多くありました。入学当初には、毎年恒例(こうれい)の医学部と合同での宿泊研修(しゅくはく)もあり、楽しかったですね。部活も医薬でいっしょなので、学部の隔(へだ)たりなくいろいろな人と仲良くなれます。

仲間といっしょに乗り越(こ)えた！

大学生活といえば、自分で授業を選べて自由な時間も増えるというイメージがあるかもしれませんが、薬学部の場合、ほとんどが必修。もともと授業やテストが多そうだなと思ってはいましたが、想像以上でした。

朝は必ず1限目からあり、午前中は講義、午後は実験・実習で、実験や実習後はレポートなどの提出に追われ、覚えることも多い。

１５０種類もの薬の名前と作用、効果を覚えるテストがあったときには、ほんとうに大変で、「アンキパンが欲しい！」と思ってしまいました（笑）。

ただ、同じ学科の同級生は50人ほどと少ないぶん、仲が良く、友だちと協力して過去問を集めたりして、みんなでいっしょに乗り越えてきました。そういう意味では高校時代のクラスに近い雰囲気かなと思います。

身近な薬剤師になりたい

３年生の12月から研究室に配属され、今は朝９時から午後９時まで研究室で過ごしています。アムロジピンという血圧の薬の成分をより効率的に合成することが、私の研究の目標です。

ただ、私は研究よりも、臨床のほうが好き。だから、実務実習は毎日が勉強になりましたし、楽しかったです。

薬局では「１００人に薬を渡そう」という目標のもと、調剤や薬のチェック、患者さんへの説明など、一連の流れを担当させてもらいました。薬の名前を覚えてから行くのですが、いざ現場に立つとわからないもののほうが多くて、最初は薬を探すだけで薬局内を迷子になるほど。１カ月ほど経って〝よく処方されるもの〟がわかってくると、ようやく落ち着いて対応できるようになりました。

病院実習では、薬剤部での業務のほか、病棟で直接患者さんに薬の説明をさせてもらいました。最初に説明に行くときにはドキドキでしたが、優しいおばあちゃんで、「がんばってね」と逆に励まされました。

それから、医師から処方された薬のなかに

学生インタビュー

朝から晩まで研究漬けの毎日です　著者撮影

同じ作用をもつものがあり、「この薬とこの薬は飲み合わせが悪いので、変更されてはどうですか？」と提案させてもらったこともあります。指導してくれた薬剤師さんが気付いたのですが、薬剤師の役割を実感することができました。

卒業後は薬局で働きたいと思っています。薬局は定期的に来られる方もいて、患者さんとの距離が近い気がしたのです。実習の間にも、2回目に来たときに「あ、またおるねー」と声をかけてくださった方もいました。

医師が勧める薬と患者さんが「いいな」と思う薬は違うこともあります。花粉症の薬にもいろいろあり、私自身も患者としてそういう経験があるので、もっと知識をつけて、患者さんの思いを汲んで医師に提案できるような薬剤師になりたいです。

理系の勉強を幅広くできること 研究ができることが魅力

学生インタビュー 2

千葉大学

薬学部薬科学科　4年生

金森大誠さん

著者撮影

授業で何度か耳にした、がんと抗体医薬品の話が心に残り、抗体医薬品を扱う研究室に。研究が終わらず終電帰りになる日はあるものの、夏はダイビング、冬はスノーボードに行くのが、最高の息抜き。

研究がしたくて薬学部へ

薬学部に入ろうと思ったのは、偶然なんです。高校生のとき、実験の授業で「あるものとあるものを混ぜると変化が起こる」という現象が興味深くて、将来は研究がしたいと漠然と思っていました。薬学部に入れば、物理、化学、生物などさまざまな分野の理系の勉強ができ、薬科学科であれば研究もできる。そう知り、自分の可能性を広げるためにも、できるだけレベルの高い大学をめざそうと思い、千葉大学の薬学部を選びました。

今は研究室配属となり、「がん細胞を温めて殺す」研究をしています。熱を加えると、細胞にストレスがかかり、細胞内ではストレスに対応する変化が起こります。そこで、その変化を止める薬物を添加すると、ストレスに対応できなくなり、がん細胞は死にやすくなります。「どんな薬物をどのくらいの濃度でどのように使用するか」を検証しながら、実験を重ねています。

高校の実験と大学の実験の違い

研究に興味をもったのは高校時代の実験の影響が大きかったのですが、大学で研究室に入ったら新鮮な驚きがたくさんありました。高校の授業で行う実験は、色など、変化が目に見える実験がほとんどでした。しかし、大学の研究（実験）では、変化が目に見えることはあまりありません。機械で測定して、ようやく結果がわかります。

また、仮説を立てて、証明するために必要な実験方法を考え、準備するところから自分でやります。実験のデータの解析方法も自分で調べてから行います。毎回仮説通りの結果が出るわけではありませんが、すべて自分で準備するからこそ、思い通りの結果が出るととても達成感があります。

月曜日から金曜日までは研究室で自分の研究を進めていることが多く、土曜日には研究室のメンバーで集まります。それぞれの研究の途中報告をして意見をもらったり、論文を紹介する、ゼミという時間です。

私の所属している研究室には、製薬企業に勤めながら博士課程に在籍する社会人の方もいます。オンライン通話でゼミに参加する方もいて、3分の1位が社会人です。企業の視点からの意見はとても勉強になります。

研究の先にある世界

千葉大学は薬剤師をめざす薬学科と、主に

研究者をめざす薬科学科の2学科制をとっています。一般入試前期日程の合格者は2年生まではカリキュラムが同じで、3年生から分かれます。なので、学科に関係なく、理系全般の授業や病院での実習は履修すると思います。私は薬科学科志望でしたが、実際の医療現場で起きている問題についてお話を聞いたり、医学部、看護学部の学生といっしょに病院に行って患者さんとお話する機会もありました。

たとえば医・薬・看の連携についての授業では、現在の病院での問題点について座学で学び、医・薬・看の学生でグループディスカッションを行って「どのような心構えで実習に臨むか」を話し合い、それらに基づいて実際に病院で患者さんとお話をする、という経験もできました。

私は薬科学科志望だったので、実習中はどちらかというと自分からは遠い話として授業を聞いていましたが、それでも貴重な体験ができたと思います。自分の行う研究が、最終的にはこういった臨床現場に生きてくるということを感じました。

どんな道でも研究は進めたい

学部卒業後は大学院に進む予定です。4年制の薬科学科はほとんどの人が院に進学します。同じ研究室の同級生も全員院志望です。

修士をとったあとは、大学に残るか、企業で研究職に就きたいです。どこに行くにしても、研究を続けられたらと思います。もちろん、現在の研究を続けられるのもありがたいですが、どのようなテーマの研究でも手掛けてみるとおもしろくなると考えているの

学生インタビュー

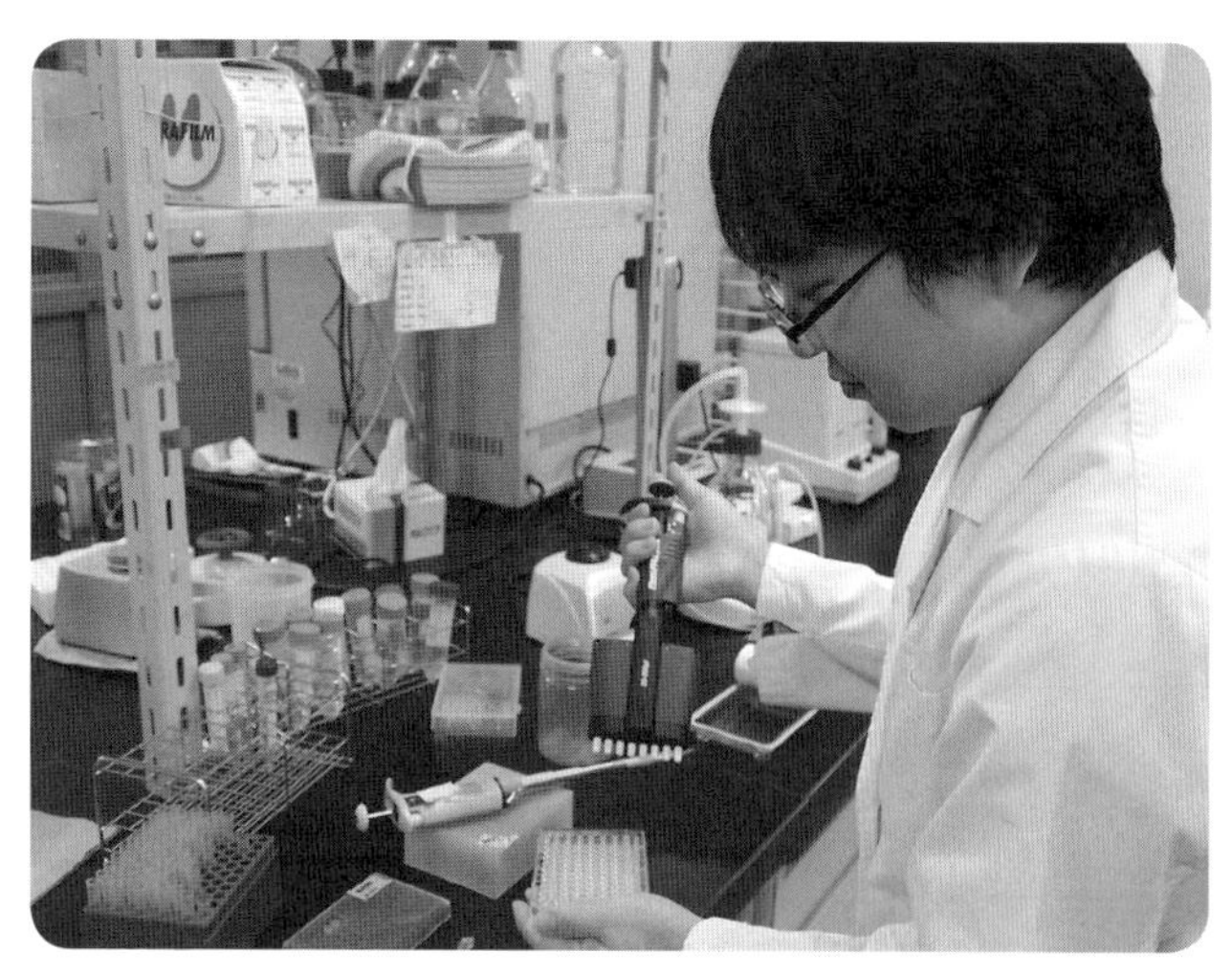
将来は研究を続けることが目標です　著者撮影

で、分野へのこだわりはありません。

薬学部をめざしたいと考えている方は、薬剤師をめざすのか、そうでないのかは前もって考えておくとよいと思います。受験の時点で分かれている場合も多いですが、千葉大学一般入試前期日程のように、学科を決めずに入学する大学もあります。どちらの道に進むかを決めておくと、授業を聞くときにどこに重きを置くかの基準になると思います。

受験期に物理、化学、生物などは勉強すると思いますが、大学の授業では基本から学ぶことが多かったように思います。なので、忘れてしまっていてもあまり焦(あせ)ることはなかったです。むしろ、数学は授業がない割には、すべての科目の根幹としてかかわってくるので、身についていると授業の理解の助けになると思います。

薬が患者さんの手に届くプロセスにかかわりたい

学生インタビュー 3

慶應義塾大学
薬学部薬学科　5年生
等々力光輝さん

高校はバレーボールの推薦で入り、大学ではバレーボールサークルと薬学部のサッカー部をかけもち。３年生の夏からは付属高校のバレー部のコーチもしているスポーツマン。

薬の成分をつくる実習

健康にかかわる仕事がしたいというのが小さいころからの夢でした。それと人の役に立つことが好きなので、一時期は医学部や法学部も考え、どれでもめざせるように高校のカリキュラムは取っていたのですが、直接患者さんを治すのは薬、たくさんの人に貢献できるのも薬かなと思い、薬学部に決めました。

慶應義塾大学では、1年生のときにはほかの学部と同じキャンパスで授業があり、2年生から薬学部のキャンパスに移り、午前は講義、午後は実習というスタイルになります。実習はいろいろな分野があり、なかでも印象深かったひとつが、医薬品を合成する実習です。2年生の最初に行った実習で、「薬学部に来たな」と実感がわきました。

「イブプロフェン」という鎮痛剤に使われている成分を実際に自分たちでつくるのですが、手順通りにつくったつもりが、ある班では理論上できるはずの5パーセントしかつくれていなかったり、別の班ではまったくつくれなかったり。薬は手順が少しでも違ったり雑になったりするとできないことが学べました。

特定の部位に薬を届ける技術

講義でおもしろかったのは、薬が世の中に出てくるプロセスを学べたこと。それで、新しい薬を生み出すことにかかわれたらいいなと思い、研究室は、新しい形の薬を研究する「創薬物理化学講座」を選びました。

薬を飲むと通常は全身に効きます。体のある部位に効かせたいときに使うのが「ドラッグ・デリバリー・システム」という、薬の体内での動きをコントロールする技術です。薬を届けたい部位のみに届けられれば副作用を減らせるので、今後はこの技術を用いた薬の開発がさかんになると思います。

小児病院で目の当たりにしたこと

これまでいちばん印象に残っているのは、やっぱり実務実習です。薬剤師に対して「薬をピックアップして渡すだけ」という印象をもっている人は多いと思うのですが、まったく違いました。一見単純に見える作業のなかで、間違いがないように確認し、患者さんごとの情報に目を通し、薬だけではなく食べ物などとの組み合わせも考え……と、多くのことを瞬時に判断しているんです。授業でも学んでいましたが、現場で目の当たりにすると、すごいな、と衝撃的でした。

僕が実習させてもらったのは国立成育医療研究センターという小児病院。子どもたちは味が苦手だと薬を飲んでくれないんですね。大学の授業では薬の味は気にしていなかったので、臨床現場に出て「こういうことも考えなければいけないんだな」と知りました。

病棟では、何人かの子どもたちにかかわりました。そのなかには、血液がんで、抗がん剤治療の影響のため髪の毛が抜けてしまい、人と話したくなさそうな子も。薬の重要性を伝えたり、「気持ち悪くない？」と話を聞いたり、3日間ほどかかわらせてもらったのですが、自分よりも年下の子ががんばって闘病している姿には、ぐっとくるものがありました。

また、今、日本の新生児の救命率は世界一で、実習中に出会った子のなかにはペットボトル1本分くらいの体重の小さな新生児もいました。一日にとれる水分量は決まっているので、薬も大切だけれど栄養面も考えなければいけない。そういう縛りがある中で薬剤部だけではなく栄養士などほかの職種とも連携しながら治療にあたっている姿も見ることができました。

薬剤師だけではない選択肢

もうひとつ病院実習で勉強になったのが、薬の開発の話を聞けたこと。製薬企業にとっては、飲み続ける薬や高価な薬でなければ利益が出にくい。そのため小児の薬は開発されにくいそうです。子どもの場合、治験が進みにくいという問題もあります。そうした医療の背景についても聞けたことが、僕にとってはすごく大きかったです。

学生インタビュー

白衣式のようす。薬学部・サッカー部の仲間たちと　取材先提供

卒業後は新しい薬を生み出すプロセスのどこかにかかわれたら、と考えています。特に気になっているのは、製薬企業のMR（医薬情報担当者）。どんなによい薬をもっていても医師に選んでもらわなければ患者さんに届かないので、選んでもらうようアプローチをするのはおもしろいな、と。製薬企業だけではなく、CROという治験を行う会社、健康や予防という面から食品や飲料メーカーなども見ています。

薬学部では、薬の知識だけではなく食事や福祉など健康にかかわることも幅広く学べます。卒業後に活躍できるフィールドが広いからこそ、就職活動で悩むことができる。薬学部への進学を考えている人には、薬剤師になるためだけの学部ではないことはぜひお伝えしたいです。

何でも話せて何でも相談できる そんな薬剤師になりたい

東京薬科大学
薬学部　5年生
川崎日菜子さん

大学１年生から３年生まで、明治神宮球場でアルバイトをするほど野球好き。サークルではハンドボールを楽しみ、中学・高校のソフトボール部で鍛えた体力には自信あり。ただし、人混みは苦手で、職場は東京でも23区以外を希望。

求人チラシで輝いていた

高校1年生のときに「化学っておもしろいな」と思うようになって、「化学が好きなら薬剤師は？」と親から勧められたのが、薬学部に興味をもったきっかけです。家族に医療系で仕事をしている人はいないのですが、親としては、資格をもっていたほうが将来安心だから、と勧めてくれたのだと思います。

私も、薬剤師なら将来子育てをしながらパートでも稼げるのかなという思いもありました。家にパートの求人チラシとか届くじゃないですか？　そのなかで薬剤師の求人って輝いているんです！　時給２０００円以上で、ほかよりも確実に高い（笑）。

今は女性も働く社会だけれど、子育てで一度休んでもまた復帰できるのかなと思うと、

学生インタビュー

パートでもやっていける薬剤師は魅力的。そのことも薬学部を選んだ理由のひとつです。

脈々と引き継がれる研究

今は実務実習が終わって、朝から夕方までひたすら研究室で研究をしています。私が在籍しているのは「病原微生物学教室」という、細菌を扱う研究室です。

薬学部の授業で、細菌の種類や抗菌薬について学び、さらに実験で、細菌を培養して顕微鏡で観察するというものがあったんですね。それがすごく楽しかったんです。

それに、感染症にも興味がありました。発展途上国では、治るはずなのに治せない感染症でたくさんの子どもたちが亡くなっている。そうした話も聞いて、感染症にも興味をもっていたので、今の研究室に入りました。

今は、「黄色ブドウ球菌」という細菌の研究を行っています。食中毒の原因として有名ですが、みんながふつうにもっている菌でもあるんですね。ただ、体が弱って免疫が落ちると感染してしまう。

近くの病院から患者さんの検体（検査材料）をいただいて遺伝子レベルで解析し、「最小発育阻止濃度」といって薬が最小でどのくらいの濃度で効くのかを調べて、その結果を病院にもフィードバックしています。

この研究は脈々と先輩から引き継がれているもので、私が担当しているのは2018年度分。1000近くの検体をつぎつぎと処理していくうちに、より効率のよい方法がわかってきて、だんだん自分の手技が上がってくるのでおもしろいですね。

最終的には数十年分のデータになり、全体

の傾向が見えてきます。自分のデータが後輩の研究にも影響するので、責任は重大です。

クリニックの前の薬局で

卒業後は薬局に勤めたいなと思っています。それも、大学病院や総合病院の前にある薬局ではなく、クリニックの前にある薬局がいいんです。大学病院や総合病院は重症な患者さんが多いので、期間限定でかかって、少し経ったら家の近くの病院に帰っていく患者さんが多いですよね。でも、クリニックはかかりつけの患者さんが多いので、薬局でも同じ患者さんと長くかかわりがもてます。

いちばんの理想は、医療モールといって、複数のクリニックが入っているビルの1階にある薬局です。いろいろな診療科の先生がいるので幅広い処方箋にもふれられて、なおかつ、長く通われている方が多いので。また、患者さんの自宅にお薬を持って行って服薬指導をする在宅医療にも興味があるので、在宅医療にもかかわっている薬局がいいですね。

敷居の低い医療者に

実務実習で行った薬局が、まさに理想に近いところでした。個人クリニックの近くにある薬局で、そのクリニックの先生が「何でも診るよ」という方だったので、処方箋枚数も多く、いろいろな薬を扱うこともできました。

また、薬局では検査値を見ることはほとんどできないので、薬剤師は患者さんに「どうでしたか?」と聞くしかありません。でも、そこでは、かかりつけの薬剤師には患者さんがみずから検査結果を持ってきて見せてくれることもありました。検査結果を患者さんと

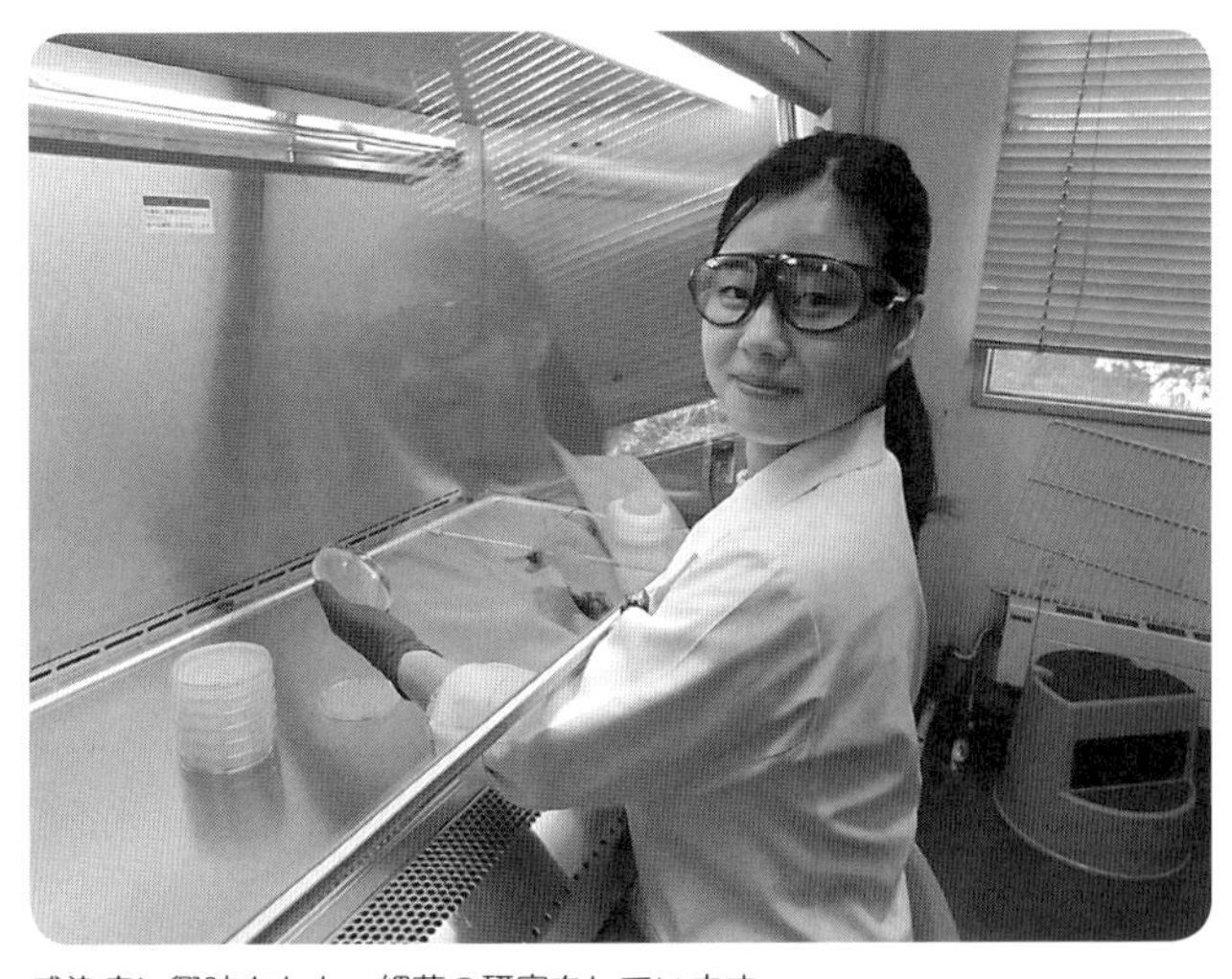

感染症に興味をもち、細菌の研究をしています

見て「よくなっていますね」などと話しながら、服薬指導をしていたんです。信頼関係がなければ見せていただけないと思うので、そういう姿もすてきでした。

そして、その薬局では月に一度、地域の方を招いてイベントを開いていました。私もお花見のイベントに参加させてもらったのですが、そのときに来ていた方が、「この薬局に来て薬剤師さんの印象が変わった。なんでも話せるし、なんでも相談できる」とおっしゃっていたんですね。それを聞いて、「私がやりたいのはこれだな」と。

大学でも「医師よりも敷居の低い医療者になれ」と、よく先生に言われます。私の理想もまさにそう。最終的には、「前髪切った？」なんて会話ができるくらいの関係を患者さんと築いていきたいです。

4章

資格取得や卒業後の就職先はどのようになっていますか？

Q18 卒業後に就く主な仕事はなんですか?

薬局や病院で薬剤師として働く

ここでは、6年制と4年制に分けて紹介しよう。

まず、6年制の薬学部生は卒業試験を受けたあと、薬剤師国家試験を受けて薬剤師になる。その後、いちばん多い就職先が薬局だ。薬学教育協議会の調査によると、6年制の薬学部では約3割の人が薬局に就職しているんだ。

つぎに多いのは、病院や診療所。前述の調査では、約2割の人が病院・診療所に就職している。ちなみに、病院と診療所だと、診療所は薬剤師がいないところのほうが多いので、薬学部生の就職先として多いのは病院のほう。

薬局で働くのと、病院で働くのは、どう違うのだろうか。

もちろん薬剤師の仕事として共通している部分も多いけれど、薬局のほうが定期的に薬をもらいに来る患者さんが多いぶん、かかりつけの患者さんと顔見知りになり、深いコミ

ユニケーションを取りやすい。「かかりつけ薬剤師」という言葉を聞いたことはあるかな？　「かかりつけ医」は、健康のことで何か不安があったらまず相談に行く、身近なお医者さんのことだよね。同じようにかかりつけ薬剤師は、身近にいる薬の専門家として、患者さんの服薬状況を把握し、薬を処方した医師や医療機関とも連携を取りながら、患者さんからの相談に応じる薬剤師のこと。薬局薬剤師に求められる大切な役割なんだ。

病院薬剤師のほうは、病院内の薬局だけではなく、病棟にも行って患者さんに服薬指導を行うことがいちばんの違いかな。そして、医師や看護師といったほかの職種と、カルテ（診療録）などの情報を共有しながら、チーム医療を行う。病院によっては、薬剤師が救急医療に参加することもあるんだ。

薬をつくる、薬を売る仕事も

製薬企業に就職して、開発職や研究職、ＭＲ（医薬情報担当者）として働く人、ドラッグストアに就職する人も、比較的多い。

製薬企業の開発職とは、薬の開発の最終ステージである「臨床試験（治験）」を担う仕事。動物実験で有効性や安全性を確かめた薬を、実際に人に使ってもらい、そのデータを集めて論文にまとめ、国に提出する。研究職は、その手前の段階で、薬の候補となる物質を採り、実験を重ねながら、有効性や安全性を確かめる仕事。そして、MRは、製薬企業の営業部門に所属し、医療機関を訪ねて薬に関する情報を医師や薬剤師などに伝え、適切に使ってもらうように働きかける仕事だ。

製薬企業の研究・開発職も、MRも、薬剤師資格が必要というわけではないけれど、薬について専門的な勉強を行っていること、病院実習や薬局実習で薬が使われる現場を体験したことは、就職活動においても働き始めてからも強みになるはずだ。

「薬を売る」仕事のほうでは、最近、ドラッグストアに就職する薬学部生が増えている。OTC医薬品（処方箋のいらない市販薬）だけではなく、調剤も行えるドラッグストアが増えているため、薬剤師の必要性が増しているんだ。最近では2割前後の人がドラッグストアに就職しているよ。

ここまでが、6年制の薬学部卒業後の主な就職先だ。紹介した割合は、全体的な傾向だ。大学によって傾向は違うので、気になる大学について、ぜひ、調べてほしい。

4年制薬学部はほとんどが大学院へ

4年制の薬学部はというと、ほとんどの人が大学院に進学する。

薬学教育協議会の調査によると、4年制薬学部の卒業生の7割強が大学院（修士）に進学している。国公立大学や一部の私立大学では、その割合はもっと高くて、9割以上の人が大学院に進学するそうだ。

では、2年間の大学院を修了したあとはというと、多いのは製薬企業に研究職などで就職する人。また、修士課程のあと、3年間の博士課程に進み、研究者としてのスキルアップを図る人もいる。

6年制薬学部生の卒業後の進路としても、製薬企業の研究職をあげたけれど、6年制の場合、実務実習や国家試験の勉強があり、研究に割く時間はどうしても短くなる。一方、4年制の薬学部を卒業して大学院に行った場合、同じ6年だけれど、研究に費やせる時間が長いぶん、研究者としてのスキルを養うことができる。だから、6年制と4年制のどちらが、製薬企業に研究職として就職しやすいかといえば、「4年制＋大学院」のほうだ。

そのほか、治験を担当する開発職や、薬の製造を担当する「製造技術職」などで製薬企業に就職する人もいるよ。

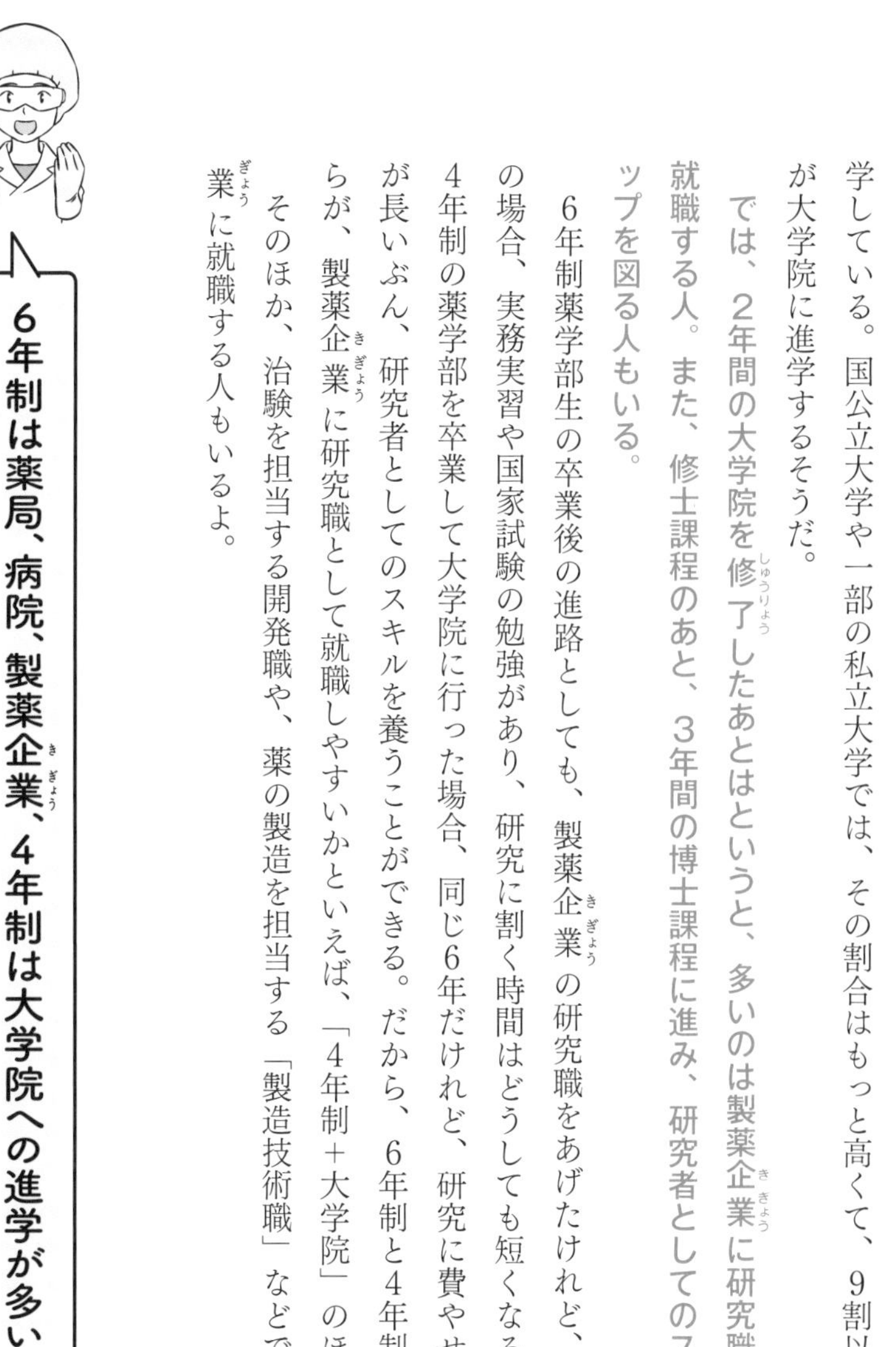

Q19 薬学部で取りやすい資格を教えてください

薬剤師国家試験を受けて薬剤師資格を取る

薬学部を卒業したら取得できる資格といえば、薬剤師資格だよね。薬剤師国家試験は、毎年1回、2月に行われる。合格率は年によってバラツキがあるけれど、だいたい7割くらい。新卒に限ればもう少し高くて、8割を超えることが多い。そう聞くと、「合格率は高いんだな」と安心するかもしれない。でも、それには理由があるんだ。

薬剤師国家試験を受けられるのは、6年制の薬学部を卒業した人、またはその春に卒業する見込みの人だ。卒業するには、大学の卒業試験に合格しなければいけない。つまり、もしも卒業試験に落ちてしまったら、国家試験を受けることはできないんだ。だから、国家試験を受ける段階で、すでにふるいにかけられているということ。

薬剤師国家試験の内容は、「物理・化学・生物」「衛生」「薬理」「薬剤」「病態・薬物治療」「法規・制度・倫理」「実務」の七つの領域から345問。マークシート形式で、一

日に2回の休憩を挟みながら2日間にわたって行われる。だから、事前の勉強はもちろん、集中力と体力も必要だ。ちなみに、過去の試験問題と解答は、厚生労働省のウェブサイト（薬剤師国家試験のページ）に公開されているので、気になる人は見てみよう。

合格基準には、全体の正解率に加えて、領域ごとの足切り点も設定されている。ひとつの領域でも足切り点を下回っていたら合格できないので、すべての領域をまんべんなく頭に入れておかなければいけない。

2022年度、新卒者の薬剤師国家試験の合格率は84・86パーセントだった（全体では69パーセント）。不合格になってしまった学生は、もう1年自主的に勉強をしたり、薬剤師国家試験対策の予備校に通ったりして、1年後の試験に備えることになる。

さらに専門性の高い薬剤師になる

薬は毎年、新しいものが登場するし、もともとあった薬も新しい効能や副作用が追加されて使い方が変わったりもする。そもそも医療自体、日進月歩でどんどん進化していく。だから、患者さんにベストなアドバイスができる薬剤師になろうと思ったら、薬剤師資格を取ってからも絶えず勉強を続けなければいけないんだ。

薬剤師として働きながら勉強を積み重ねることで、取れる資格もいろいろある。幅広い

分野での知識や経験、技能が求められる「認定薬剤師」資格もあれば、ある特定の分野について究めることで得られる「専門薬剤師」資格もある。

たとえば、日本人の国民病といわれる、がん。がん治療では、手術、抗がん剤治療、放射線治療を組みわせて行われる。そのなかで薬剤師は、一人ひとりの患者さんに合った抗がん剤を選ぶサポートをすること、抗がん剤による副作用をやわらげるための対策を取ること、抗がん剤を安全に清潔に調製することといった役割を担っている。そうした知識、経験が十分にあり、試験をクリアして取得できるのが、「がん専門薬剤師」という資格だ。

ほかにも、糖尿病、精神疾患、感染症、小児科、救急医療、漢方薬・生薬、在宅療養、認知症……など、それぞれの分野で認定（専門）薬剤師資格があるんだ。将来、薬剤師として働きながら、「この分野についてもっと勉強したい！」「この分野のスペシャリストになりたい！」と思うようになったら、こうした資格の取得をめざすのもいいと思う。

それから、スポーツに関心がある人には、「公認スポーツファーマシスト」という資格もあるよ。オリンピックや世界陸上などの競技大会で「ドーピングで失格になった」というニュースを耳にすることがあるよね。

ドーピングとは、運動能力を高めるために禁止されている薬物を使うこと。ただ、病院で処方される薬や薬局やドラッグストアで入手できる市販薬、サプリメントのなかにも禁止物質が入っていることがあり、選手がうっかりドーピングしてしまうこともあるんだ。ドーピング予防についても知識をもち、スポーツ選手のよき相談役となるのが、公認スポーツファーマシストだよ。

4年制だと薬剤師資格は取れない？

ここまでに紹介した資格は、どれも6年制の薬学部を卒業したら取れるもの。では、**4年制の場合はというと、残念ながら、薬剤師資格を取ることはできない。**

実は、２０１７年度までに入学した学生は、4年制の薬学部を卒業し、修士または博士課程を修了したあと、実務実習を受けて、6年制の薬学課程の卒業に必要な単位を修得したら、受験資格を得ることができた。でも、このルールが当てはまるのは２０１７年度までに入学した学生なので、これから薬学部への入学を考えている人は対象外なんだ。でも、方法はないわけではない。4年制に入ったあとで、6年制に編入することも可能だ。ただし、実務実習に行ける学生数は決まっているため、編入できる学生の枠もかなり狭いんだ。

Q20 意外な仕事でも活躍している先輩はいますか？

国や地域の福祉に貢献する仕事――行政

Q19で紹介したように、薬学部を卒業して薬局や病院、製薬企業に就職するというのは、みんながイメージしている〝その後〟だと思う。でも、これらだけが就職先ではない。薬学部を卒業した先輩たちは、もっと多岐にわたるフィールドで活躍しているんだ。

国家公務員として厚生労働省に勤めている人、地方公務員として都道府県の薬務課や保健所、研究所などに勤めている人もいる。これらの仕事は、国民全体の健康や福祉、地域の人たちの健康や福祉を守るもの。責任は重大だが、国や地域全体の〝あるべき姿〟に向けて、仕組みやルールをつくっていくダイナミックな仕事だ。

たとえば、厚生労働省では、医薬品や食品の安全を守る仕事、薬剤師のありかたの見直しや薬剤師の教育を考える仕事、薬による健康被害対策を考える仕事、産業的に生産される化学物質の安全性を確保する仕事など、薬学の知識が活かされる業務は多い。また、2

年に一度くらいの頻度で異動があるので、幅広い分野を経験することができるんだ。

新しい薬を世に出すプロセスにかかわる——CRO、PMDA

新しい薬をつくって世界中の人の健康に貢献したい、よい薬を開発して一人でも多くの人の命を救いたい——。そんな夢をもって薬学部に進学する人は多い。

その夢を叶えるには、製薬企業に就職することもひとつの方法だけれど、新しい薬を世の中に出すプロセスには、実はもっといろいろな立場の人がかかわっているんだ。

新しい薬の承認を得るには、「治験」という、人を対象に安全性や有効性を検証する臨床試験が必要だ。この治験を、製薬企業から依頼を受けて行うのが、「CRO（開発業務受託機関）」。国内に30社ほどあり、ここでも薬学部出身者が活躍している。

治験を経て、安全性と有効性が検証できたら、その結果をもとに承認申請を行うのだけれど、その承認審査を行うのが、独立行政法人医薬品医療機器総合機構（PMDA）というところ。PMDAでは医薬品や医療機器の承認審査のほか、安全対策、健康被害救済を担っていて、薬の知識を必要とする仕事だけに、薬学部出身者が多い（114ページにインタビューがあるよ）。

それから、最終的に承認の可否を決定するのは厚生労働大臣だから、厚生労働省に勤めるのも、ひとつの方法だね。

薬以外のメーカーで活躍する人も――化粧品、食品、飲料、商社など

薬以外のモノづくりにかかわっている人もいる。

たとえば、化粧品も肌に直接ふれるものだけに、安全性と機能性が求められるもの。

化学、物理、生物の知識があって、なおかつ薬や人間の体のこと、法律についても学んでいる薬学部出身者が活躍できるフィールドだ（118ページにインタビューがあるよ）。

それから、最近では、食品メーカーや飲料メーカーが、おいしいだけではなく、健康によい食品や飲料の開発に力を入れている。

トクホ（特定保健用食品）や機能性表示食品といった健康をサポートする機能をもつ食品も増えているよね。「健康によい」と謳うには、その有効性や安全性について試験を重ね、科学的根拠（エビデンス）を示す必要がある。

ここでも、薬学部で学んだ知識が活かせるんだ。そのほか、医療やヘルスケアにかかわる商社に就職して、世界で活躍している先輩もいるよ。

伝える仕事、教える仕事――出版社、教員

薬の専門家として、正しい知識を伝えることを仕事にしている人もいるよ。医療関連

の出版社に就職して、薬剤師をはじめとした医療職向けの書籍や雑誌をつくっている人、一般向けの書籍や雑誌をつくっている人、薬剤師として働きながらその経験を活かして本を書いたり、雑誌にコラムを書いたりしている人などもいる。

大学の教員になるという選択肢もある。専門の研究を続けながら、論文にまとめ、医療の発展に貢献するとともに、培った知見を授業で学生たちに伝えて、未来の薬学のプロを育てる。薬剤師として働いたあと、教員になる人もいるよ。

安全を守る仕事——麻薬取締官、科捜研

あまり知られていないけれど、違法薬物を取り締まる厚生労働省の「麻薬取締官」も、半数以上が薬学部出身者（薬剤師）なんだ。違法薬物の取り締まりだけではなく、医療用麻薬を扱っている製薬企業や病院、薬局の監督・指導、薬物乱用者の社会復帰支援などが仕事だ。それから、「科捜研」でおなじみの「科学捜査研究所」でも、薬学部出身者が活躍している。

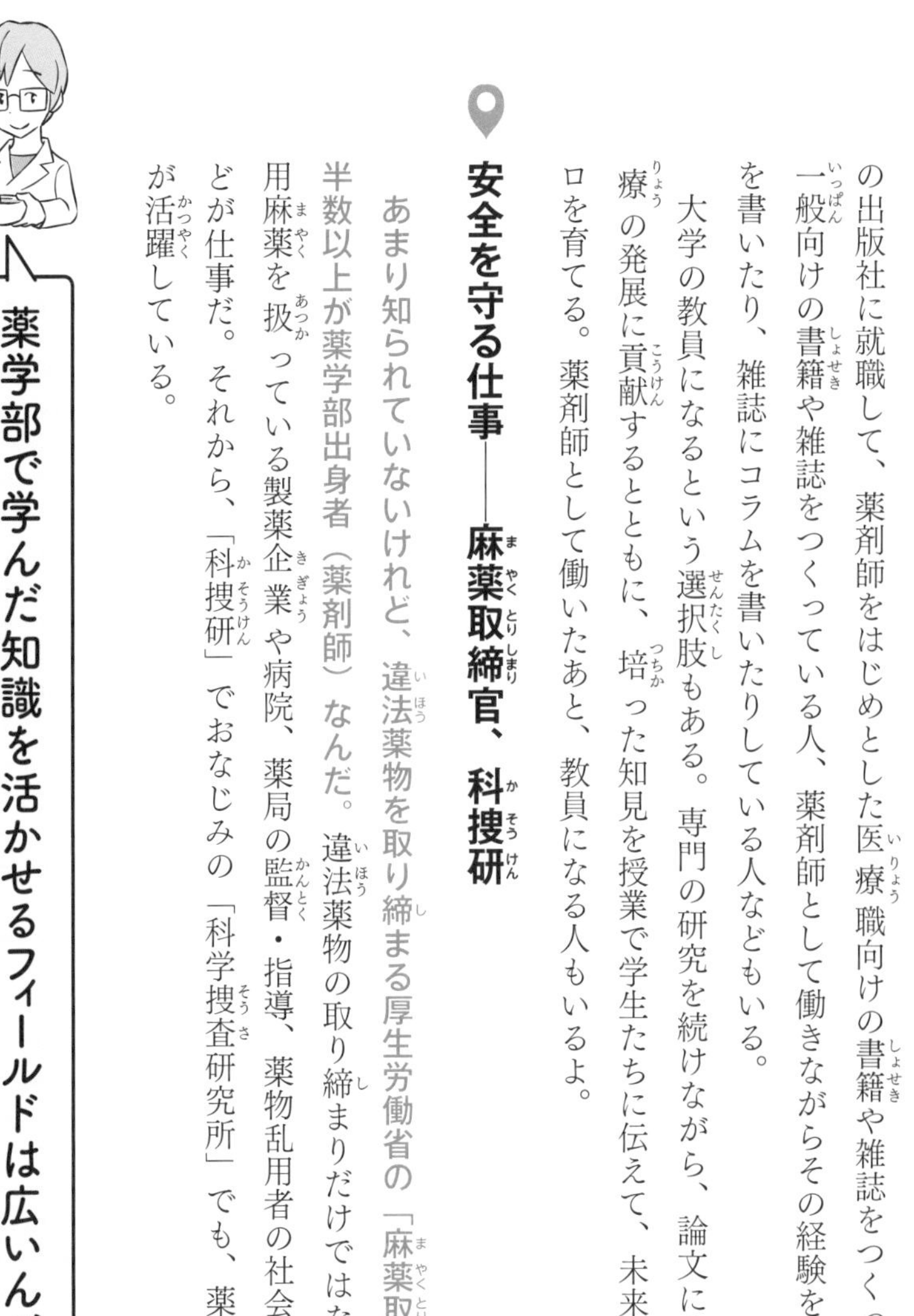

一対一の臨床も
未来に貢献する研究も

慶應義塾大学病院

慶應義塾大学薬学部薬学科卒業
薬学研究科薬学専攻博士課程修了

袴田 潤さん

薬学部を卒業後、博士課程で４年間臨床研究を行ったあと、病院に。現在３年目。家族は両親、妹、祖父母ともに薬剤師という薬剤師一家。家族が集まると、「あの薬どう？」と薬の話で盛り上がることも。

ときどき調剤、ほぼ病棟

母校の大学病院の薬剤部に所属し、一日のうち2時間は調剤業務を、それ以外の時間は病棟で仕事をしています。うちの病院の場合、病棟の担当になるのは3年目から。僕が担当しているのは、呼吸器内科の病棟です。肺がんや肺炎、結核などの患者さんが入院されていて、若い方から年輩の方まで、いろいろな方がいらっしゃいます。

病棟では、患者さんが新たに入院されるときにまず一度ベッドサイドにお話に行き、その後は、新しい薬が追加されるたびに、その薬について説明にうかがうとともに、服用後に副作用が起こっていないか、ちゃんと効果が出ているかを確認にうかがいます。

ベッドサイドでは雑談もまじえて話をする

ようにしています。何気ない会話の中から、治療に必要な情報がぽろっと出てきたりするからです。それを拾って、医師や看護師に伝え、治療に役立てるのも薬剤師の仕事。

でも、なかには心を開いてくれない患者さんもいらっしゃいます。そういうときには、「どういう方なのか」を理解するために、なるべく会いに行く回数を増やします。何度も足を運んでいるうちに、ぽろっと本音が聞けたりするのです。

忘れられない患者さん

先日は、病棟で担当した患者さんが退院して外来に来られて、「お！　元気にしてる？」とわざわざ声をかけてくれました。その方は入院中、睡眠に問題があり、僕から医師に提案して薬を追加してもらったところよくなったということがあったのです。退院するときにも「ありがとう」とおっしゃってくれて、なおかつ、退院後も覚えていてくれ、声をかけてくださった。すごくうれしいできごとでした。

その一方で、亡くなる患者さんもいらっしゃいます。病棟の担当になり、はじめて亡くなられた方のことは、特によく覚えています。肺がんの40代の方でした。痛みを訴えていたので、「どういう痛みですか？」「今はどうですか？」などと、いつもよりも多く足を運び、話をうかがい、痛みをやわらげる薬を医師に提案し、治療を組んでもらったのですが、亡くなってしまった。一生懸命できることをして、ご家族も「ありがとうございました」とおっしゃってくださったので、最善を尽くしたことは伝わったかなと思いますが、忘れられない患者さんです。

研究も一対一の治療も

今の職場を選んだのは、臨床だけではなく、研究もやりやすいかなと考えたから。というのは、薬剤師として病院で働くか、研究の道に進むか、悩んだ時期があるのです。

もともと薬学部に入ったのは薬剤師になりたかったからで、3年生までは薬剤師しか考えていませんでした。でも、4年生のときに研究室に入って研究を始めたら、おもしろくて。得られたデータが未来の患者さんのために活かされるということは、研究のほうがより多くの患者さんに貢献できるのではと思うようになり、卒業後は博士課程に進学しました。

当時、行っていたのは、遺伝子の違いが薬の効果や副作用にどう影響するのかという研究です。慶應義塾大学病院の患者さんのデータをもらって研究していました。そのまま研究の道に進むことも考えましたが、しだいに、患者さんと一対一の関係を築きながら目の前の患者さんの治療に貢献するほうにひかれる気持ちが芽生え、病院で薬剤師として働きつつ、研究もしようと今に至っています。

「生涯研鑽」を日々実感

呼吸器内科病棟の担当になって1年。病棟では、先生方と薬の使い方などについて話し合う機会が多々あります。まだ知識の足りなさを感じることがあるので、呼吸器の知識をもっと増やして、患者さんの治療に貢献できるレベルを高めていきたい。その中で見つけた問題点をもとに研究も行い、未来の治

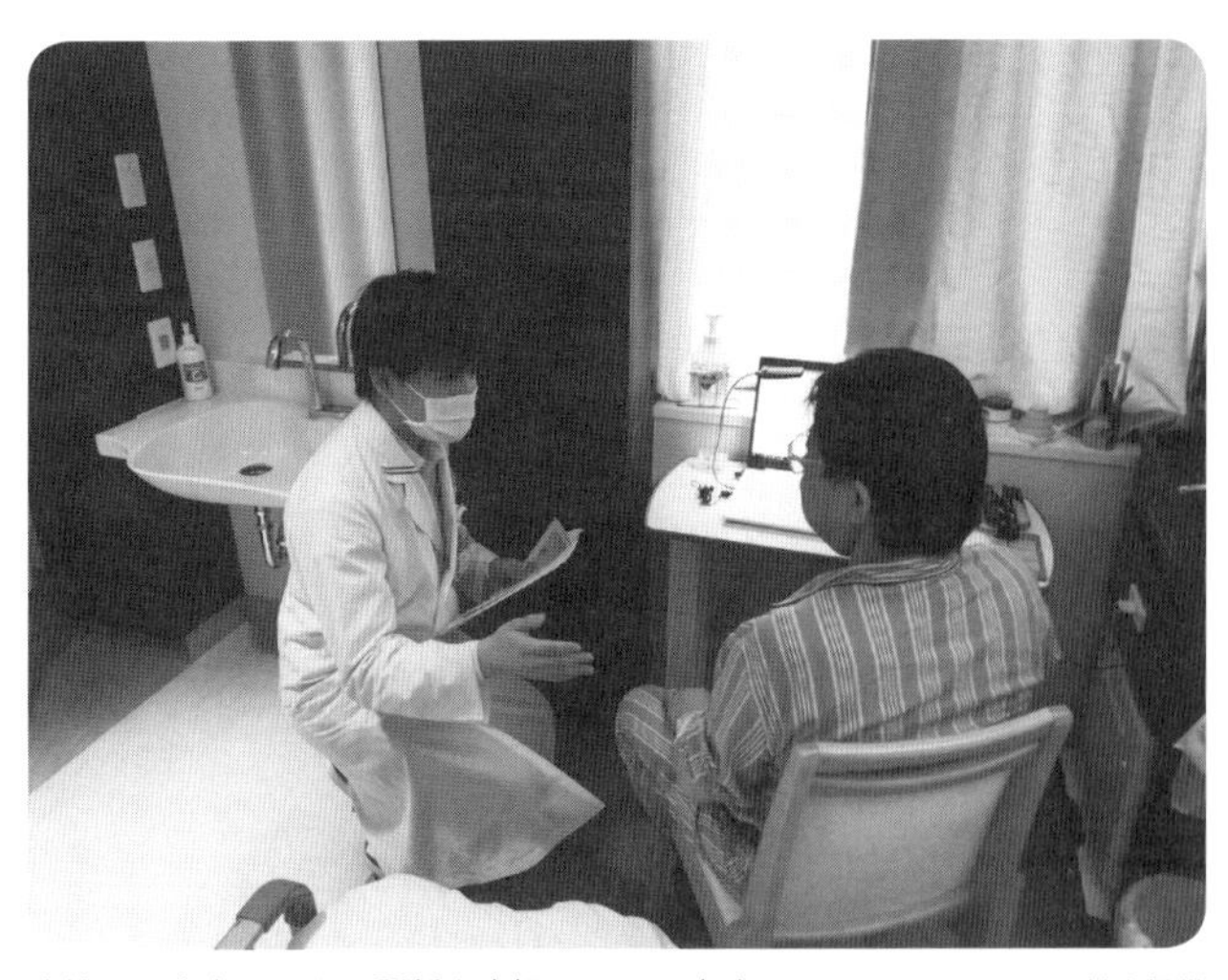

病棟では患者さんとの関係を大切にしています　取材先提供

療への貢献にもかかわっていきたいですね。

それと、医師に薬の提案をするにしても、患者さんに説明するにしても、作用機序の理解が欠かせず、そのためには薬学部時代に学んだ物理化学などの基礎の勉強がいかに大事か、今、痛感しているところです。学部を卒業したあとに4年間研究を行っていたぶん、基礎の知識を忘れているところがあるので薬物動態学などの本を買って、学びなおしています。

そして少し先の目標としては、「薬物療法専門薬剤師」の認定を取りたい。幅広い疾患の薬物療法について知識と経験を積んだスーパージェネラリストに認められる資格です。薬学部を卒業するとき、先生方から「生涯研鑽ですから」としきりに言われたのですが、まさにその通りですね。

卒業生インタビュー 2

製薬企業での経験を活かし医療も健康も支えられる薬剤師に

メトロファーマシー高輪台店　管理薬剤師

京都薬科大学薬学部卒業

美村季代さん

10年間の製薬企業勤務を経て、薬局薬剤師に。現在は管理薬剤師として、スタッフが気持ちよく働けるよう考えたり、店舗に置く情報誌を選んだり、店舗全体を見渡す役割をしている。

人の心を明るくする仕事を

高校時代には勉強が嫌になって、大学に進学するのもやめようかと思った時期もありました。そのときには美容師など、人の心を明るくするような仕事に就きたいなと思っていたんです。その延長線上で「いいな」と思ったのが、医療関係の仕事。ただ、血を見るのは苦手なので薬学部かな、と。もうひとつは、「健康だと明るくなれる」という思いもどこかにありました。

薬学部を卒業後は、まず製薬企業にMR、つまり営業職として勤めました。両親が企業勤めだったこともあり、病院の中だけではなく、医薬品業界をいろいろと見てみたいなと思ったのです。それに、薬剤師から製薬企業に転職するのは難しいけれど、その逆は可能かなと思ったことも理由のひとつでした。

理由を深く掘り下げられる

MRは医薬情報担当者という意味で、一般の営業職とは違い価格交渉はせず、医薬品の情報を伝えたり集めたりする仕事です。「それだけ?」と思うかもしれませんが、薬の情報はたくさんあります。患者さんの状態に合わせてうまく使ってもらえるよう、医師や薬剤師に情報を伝えることが大切です。

MRは薬剤師資格がなければできないわけではありません。むしろ薬学部出身者のほうが少ない。ただ、薬学部出身者は化学も生物も物理もまんべんなく勉強しているので、薬についてより深く理解し、もっている知識をもとにいろいろな情報を判断できることが強みかなと感じています。

たとえば、同じような効能をもつ薬が複数あるなかで「なぜこの薬は効果が長く続くのか」を判断するときに、私たちは「この化学物質はこういう構造をしているから」「ここにレセプター（受容体）があって、こういう働きをしているから」というところまで掘り下げて考えることができます。MRは医師だけではなく、薬剤師に対して情報を提供することも多く、同じベースをもっているからこそ、深い部分まで話せるというメリットは大きいのかなと感じました。

薬は使われなければ意味がない

製薬企業に10年勤めたあと、転職し、今は薬剤師として薬局で働いています。製薬企業にいたころ、よい製品なのに売れないというジレンマがありました。どんなによい薬も患者さんに使ってもらわなければ意味がありません。

　製薬企業にいると、患者さんに接する機会はありません。最終顧客である患者さんに薬を届けるには、医師や薬剤師に薬のよさを納得してもらった上で使い方も覚えてもらう必要があります。そうしてようやく患者さんに届くわけです。さらに、患者さんが薬を上手く使えるかどうかは、医師や薬剤師の指導にかかっています。現場に合った情報提供がしたいと思っても、現場が企業からは見えなかった。そこで、よいものをちゃんと患者さんに使ってもらうためには何ができるかを考え、薬剤師として働くことにしたのです。

説明も含めて「投薬」

でも、10年のブランクは大きかったですね。MR時代に扱っていた製品は30種類ほどでしたが、世の中には2万品目もの薬があります。私の薬局に置いてあるものに限っても２０００品目ほど。はっきりいって大変で、薬局のみなさんに助けてもらいつつ働いています。

　ただ、メーカーにいた経験は活かしていきたい。たとえば、インフルエンザの薬に「イナビル」というものがあります。これは粉末状の薬を吸入するタイプの薬。一度の吸入で治療が完結することが特徴ですが、一度に4回吸入するので慣れない人はむせちゃうんですね。だから、あらかじめ「粉が出ますよ」と伝えておく。また、できるだけ気道を広げたいので、ちょっと体を起こしてもらう。そして、「1回ハーッと息を吐いて、吸入器を加えて、スーッとこのくらい吸ってください」と、実演もまじえて指導しています。

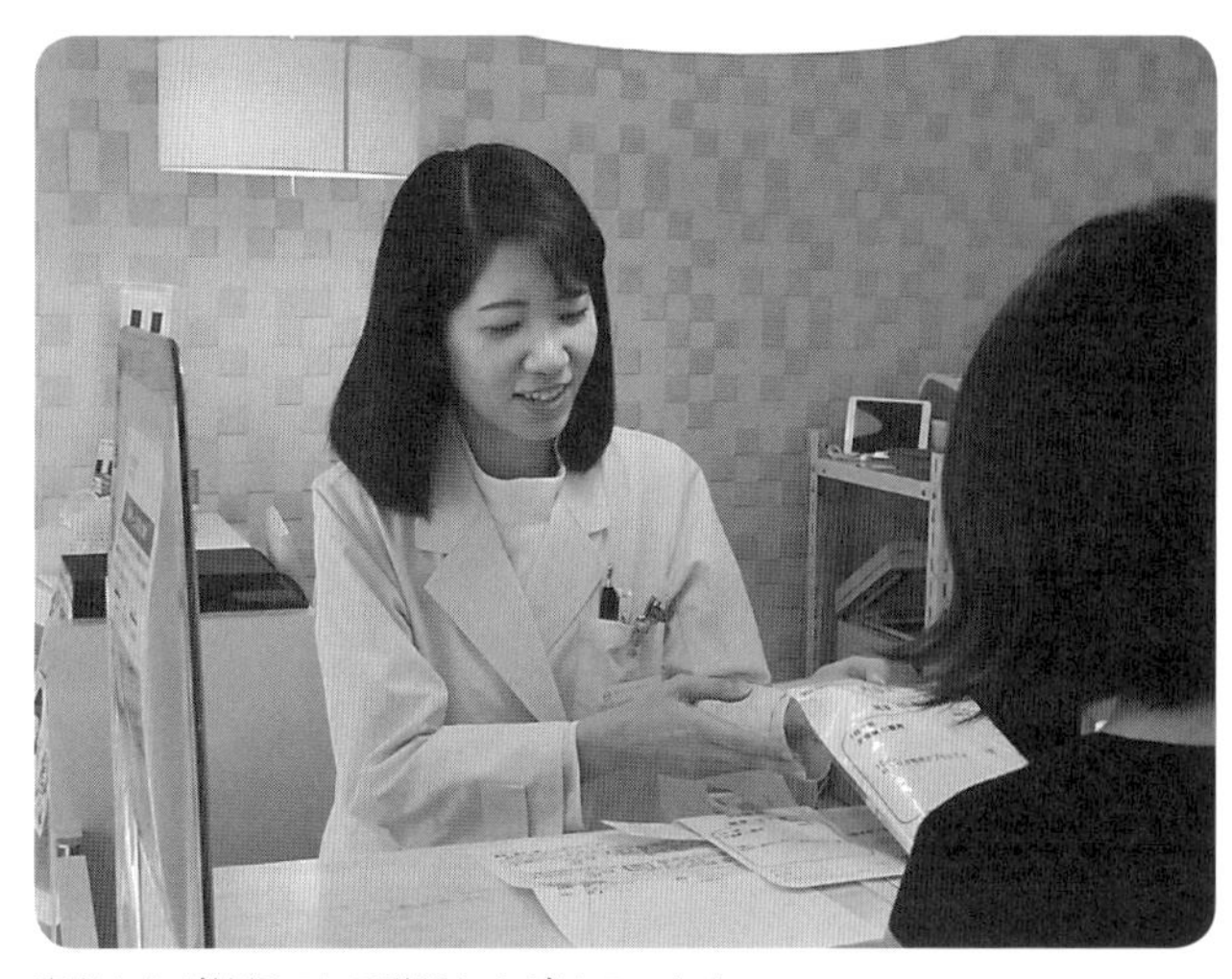

患者さんが納得できる説明を心がけています

それから、MR時代の顧客は医師や薬剤師など医療知識のある方でしたが、薬局にはいろいろな方がいらっしゃいます。必要なことは一から十まできっちりお伝えしなければ、正しく薬を服用していただけません。「なぜこの薬が必要なのか」、患者さんに納得していただけるように説明することも含めて、投薬なんだとあらためて気付きました。

クリニックは病気のときしか行きませんが、薬局はクリニックに行くほどでもないときに入りやすい場所。かといって、ドラッグストアほど膨大な商品が売られているわけではありません。今は自分自身で健康を管理し、軽度な不調は自分でケアしようという「セルフメディケーション」の時代。医療はもちろん、健康を支える場所にもなれるよう、薬局としてできることを考えていきたいです。

モノづくりへの興味から薬づくりへ

日医工　開発・企画本部
製剤開発部　機能製剤グループ
富山大学薬学部創薬科学科卒業
博士前期課程薬科学専攻修了

辻　貴大さん

ジェネリック医薬品メーカーで製剤開発の仕事を担当。目下の目標は、はじめて担当した薬の製造販売承認を取ること。学生時代にはウインドサーフィン、今は社会人になって始めたゴルフが趣味。

著者撮影

ジェネリック医薬品をつくる仕事

私が勤めている会社は、ジェネリック医薬品の製造や販売を行っています。ジェネリック医薬品とは、新薬（先発医薬品）の特許期間などが終わったあとに発売され、先発医薬品と同じ有効成分や効き目、安全性をもつことを国から認められた薬のこと。

私が在籍する「製剤開発部」では、新しいジェネリック医薬品を開発するときに試作して、データを取り、承認を取るところまでを担当しています。もう少しくわしく説明すると、「このジェネリックをつくりたい」と企画された医薬品をまずはつくれるかどうかを試すところからが、私たちの仕事です。

その際、先発医薬品にどういった課題があるのかを考えます。たとえば、錠剤が大きすぎて飲みにくいとか、刻印されている文字がわかりにくいとか。そういったことを解決した上でつくれるかを検証し、「つくれそう」と判断したら、ラボスケールという1キログラムほどの小さいスケールでつくります。

ラボスケールでもつくれるとわかったら、つぎにパイロットスケールといって、実際に工場で生産する一歩手前のスケールでつくり、データを取ります。

より多くの開発テーマを任される

私の会社では一人にひとつ以上の担当の薬をもつのが基本です。入社2年目の私もひとつの薬の開発を任せられ、製剤設計の担当者として試作から承認までを進めています。

入社1、2年目から担当の薬をもつことは、先発医薬品のメーカーではおそらくないのでは、と思います。というのは、ジェネリック医薬品のメーカーと先発医薬品のメーカーを比べると、圧倒的にジェネリック医薬品メーカーのほうが扱う品目が多い。いろいろな種類の薬を開発・製造するので、自ずと一人が担当するものが多くなるのです。そのぶん、責任をもって仕事をすることができ、とてもやりがいがあります。

一方で、扱う品目が多いぶん、それぞれの薬にあったつくり方を考えるのが大変という面も。さまざまな機械を扱うため、意外と力仕事が多いことは入社してから知りました。

モノづくりがしたかった

もともとはモノづくりがしたいと考えて、薬学部を選びました。といっても第一志望は工学部だったのですが、薬をつくることにも興味があったのです。薬は、人の命や生活の質を左右するもの。そのモノづくりにたずさわれるのは、すごくやりがいのあることだなと思っていて、その思いは薬学部で学ぶ中でより強くなりました。

学部卒業後は大学院に進み、研究を続けました。医薬品の開発には大きく3段階の研究が必要です。まず薬の有効成分となる化合物をつくる「合成」、つぎにその化合物が効くかどうかを調べる「薬理」、そして最終的にできた成分を錠剤などにする「製剤」の三つ。このうち、製剤に関する研究を行っている大学は少ないのですが、富山大学では私が研究室を選ぶときに新しく製剤系の研究室ができたので、学生第一号として入りました。

“世界一くわしい人”になれる

当時の研究テーマは、MRIを使ってクリーム剤の状態を観察するというもの。高温の場所に塗り薬を置いておくとクリームが分離しますよね。でも、チューブから出さないとわかりません。それをMRIで撮影して可視化しようという研究でした。

研究でおもしろいと思うのは、自分の研究テーマに関しては世界一くわしくなれること。たとえばスポーツで世界一になるのは難しいじゃないですか？　でも、研究であれば、英語で論文を書けば世界の人たちに見てもらえて、ピンポイントな分野だけれど世界一になれます。

薬学部での学びは確実に今に生きています。今いっしょに仕事をしている同僚は、薬学

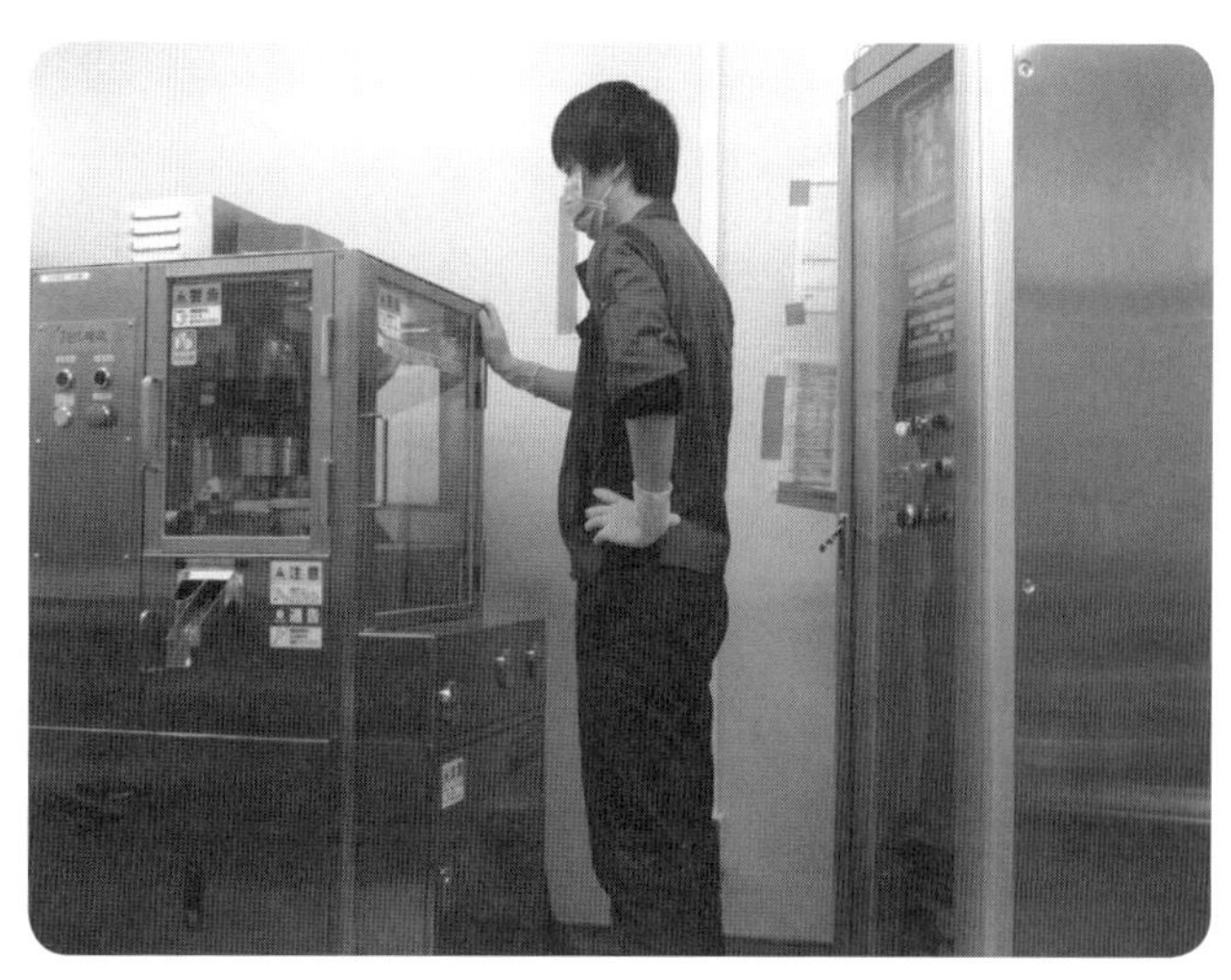

さまざまな機械を扱う仕事です　取材先提供

部以外の出身者も多いのですが、薬学の知識をまんべんなく知っていることは強みです。それと、研究室で培った自分で解決する力やプレゼンテーション力も役立っています。

仕事の中で、部署内や本部内で部長や本部長を前にして開発の進捗状況を発表することがあるんですね。私の場合、大学時代の研究室で先輩がいなかったので、学部生のときから学会発表をしていました。プレゼンは場数だと思うので、今ふり返ると、すごくありがたい環境でしたね。

私自身は、最初から薬学部をめざしていたわけではありません。でも、絞っていなかったから選択肢が広がり、今の仕事にたどり着いた。中高生のうちは、いろいろなことに興味をもったほうが将来の選択肢が広がると思います。

病院と製薬企業の間で安全を守る仕事

医薬品医療機器総合機構（PMDA）
安全性情報・企画管理部
リスクコミュニケーション推進課

千葉大学薬学部薬学科卒業

岡本麻依さん

高校時代に通っていた塾の先生が薬学部の大学生で、「勉強がおもしろそうだし、資格を取れるっていいな」と薬学部へ。学部時代の経験で今いちばん生きているのは「実習で、どんなふうに薬剤師さんが働いているのかを知ることができたこと」。

薬などの安全対策を伝える仕事

まずPMDAとはどんな組織なのかということから説明しますね。厚生労働省傘下の独立行政法人で、新しい薬や医療機器などの安全性や有効性を確認する「承認審査業務」、薬の副作用などが出たときにどうするか、問題が出ないようにするにはどうするかを考え情報提供する「安全対策業務」、副作用が起きてしまったときに患者さんに給付金などを出す「健康被害救済業務」という主に三つを行っています。

このうち私がかかわっているのは、安全対策業務です。市販された薬で副作用が出たときには、製薬企業や医療関係者の方から報告をもらうことになっています。その報告を受けつけ、集まっているデータから、因果関係があるのかなどを評価し、たとえば、薬について重要なことを記載する「添付文書」に新しい注意喚起を加えたほうがいいんじゃないかなど、対策を検討します。そして、対策が決まったら、PMDAのホームページに情報を掲載したり、メールを配信したり、いろいろな媒体を通して医療関係者の方に情報提供をします。そのなかで、私は最後の情報提供の部分を担当しています。

きっかけは病院実習でのできごと

薬の情報は毎日のように更新されていくので、情報提供もほぼ毎日行っています。緊急性の低いものから高いものまでいろいろあり、なかには命に直結する情報も。たとえば「ある薬について、特定の病気の患者さんに対しては服用を止めてもらわないと命を落とす可能性がある」といったときには、イエローレターと呼ばれる「緊急安全性情報」という黄色い紙を出して医師たちに伝えます。

私が今の仕事に就いたきっかけは、薬学部での病院実習での体験でした。ある患者さんに原因不明の副作用が起きたのです。

その方は白血病でした。白血病の患者さんは免疫が落ちていて感染症になりやすいので、予防のための薬を投与します。その薬は、副作用が起きづらいように設計されているものだったのですが、なぜか突然副作用が起きてしまった。

原因を突き止めるために、医師に意見をうかがったり、薬の投与に使った器具を見させてもらったり、製薬企業の方にこれまでに同じような事例がないか問い合わせたりしたものの、結果的に原因はわかりませんでした。

でも、そのときの経験から、薬の安全対策にすごく興味をもったのです。もちろん、その経験をもって薬剤師になるという選択肢もありましたが、臨床現場と製薬企業の両方にかかわりながら仕事ができる環境のほうが、自分のやりたいことに近いのかなと思い、今の仕事に就きました。

働きながら博士課程に

社会人5年目には大学院に入り、3年かけて博士号を取りました。学部時代には、分子細胞生物学研究室という、あるタンパク質が細胞の中でどのような働きをしているのかを調べる研究室に在籍していました。私が調べていたのは、細胞分裂におけるそのタンパク質の機能です。

最終的には抗がん剤などの開発につながるのではないかと考えながら研究をしていて、大学時代に卒業論文としてまとめたのですが、あるとき、「せっかくなので英語の学術雑誌に投稿したら」と、大学の先生からお話をいただいたのです。そうであれば博士論文にしようと思い、研究室の先輩・後輩の協力を得て追加実験をし、なんとか論文にまとめて提出しました。

実はＰＭＤＡはいくつかの大学と協定を結んでいて、仕事と大学院を両立しやすい環境があるので、社会人になってから博士号を取る人は多いんです。

今できることを一生懸命に

もうひとつ、社会人になってから始めたことが英会話。学生時代からあこがれていたものの、薬学部時代には忙しくてできず、社

メール配信の内容についての打ち合わせ　取材先提供

会人になってから英会話の勉強を始めました。PMDAでは、アジア諸国の方を招いて承認審査業務などのトレーニングセミナーを行うことがあるんですね。そういう場で英語でお話をする機会があるのです。

これから進路を考える学生の方には、何でもいいので今やりたいことを一生懸命にやってほしい。実は、私は高校時代に体育祭の係をがんばりすぎて、1年浪人したんです。でも、先生方から「勉強はいつでもできる。高校生のときにしかできないことを一生懸命やったほうが後々生きてくるよ」と言っていただき、その後、勉強をがんばれた経験があります。だから、将来どんな道に進むにしても、目の前のことを懸命にやることが大切なのかなと常々思っています。

「世の中から肌悩みをなくす」ずっとめざしていた夢に向かって

卒業生インタビュー 5

ポーラ化成工業
フロンティアリサーチセンター研究員
東京薬科大学薬学部医療衛生薬学科卒業

大原夏帆さん

「肌にかかわる研究がしたい」との夢を実現し、化粧品の感触を研究する仕事に。薬学部時代にはアメリカでの臨床薬学研修に参加。国が変われば薬剤師ができることも変わることを知り、「視野が広くなった」そうだ。

小学生からの夢だった

家族がみんな医療にかかわる仕事をしているので、「医療系に進みたい」という思いは小学生のころからありました。そのなかで薬学部を選んだのは、自分自身がニキビや肌荒れに悩んでいたから。皮膚科医もいいなと思いましたが、医師の場合、患者さんと一対一の対応がメーンになります。でも、薬をつくることができれば、何万人という方に貢献できるのではないかと考えたのです。だから大学を選ぶ時点で、都内にあり、企業への就職に強い大学ということが頭にありました。

さらに、入学してみてラッキーだったのが、皮膚をメーンに扱っている研究室があったこと。私は、生化学教室という研究室でニキビの研究をしていました。ニキビのもととして過剰な皮脂分泌、毛穴のつまりによる炎症が知られています。それらの原因となるアクネ菌由来成分や男性ホルモンを使用し、皮脂がたくさん出る状態にしたところに、薬を添加して皮脂が抑制される要因を探索していく、という研究でした。

もともと、肌荒れを治す薬をつくりたいと思って薬学部を選んだ私にとって、まさに興味のど真ん中。薬学部の人数が多く、いろいろな研究室がある大学だったからこそ、自分の興味にぴったりの研究ができた。ほんとうにありがたいご縁でした。

国家試験の勉強と研究と就職活動

就職活動では「研究がしたい」「肌を扱いたい」の二つを軸に、皮膚関連に強い製薬企業と、化粧品会社のみを見ていました。それらにご縁がなければ、薬剤師として病院や薬局に就職し、たとえば褥瘡（床ずれ）対策のチームに入るなど、皮膚とかかわる働き方をしようと考えていました。

というのは、薬学部の場合、国家試験の勉強と卒業研究をしながらの就職活動になるので、スケジュール的に結構タイトで、多くの企業を受けることは現実的に厳しかったのです。なおかつ、これは単科大学だからかもしれませんが、企業に就職する人もたくさんいるとはいえ、薬局や病院へ就職する人のほうが多いため、情報収集も大変でした。

心地よい感触を見極める

今は、ポーラ化成工業という会社で、化粧品の感触について研究をしています。たとえば、「しっとり」と感じてもらうには少し肌に化粧品が残っている感じが必要ですが、いきすぎるとべたつきに感じて不快に思われます。「さっぱり」感にしても、さっぱりしすぎると塗った気がしなくなってしまう。お客さまが心地よいと感じる範囲を知っていくという研究を行っています。

具体的には、研究所内の研究員に、実際に化粧品を使ってもらい、滑らかさやべたつきといった感覚を点数で評価してもらい、その化粧品の感触の傾向を見て、何が重要なのかを調べているところです。

そして、重要な項目がわかってきたら、一般の方に1000人、20000人といったスケールで使っていただき、データを集めていきます。今は「どんなデータを取るべきか」を決めている段階ですね。

こうした感触の研究をしているのは、私も含めて2人。なおかつ、感触研究も含め、感性に訴える価値について研究するチームができたのは2年前のことです。だから、すでにある研究を引き継ぐのではなく、お客さまに対する新しい価値を自分自身で見つけていかなければいけないので、難しいですし、責任は重大です。肩にどんと重い荷物を背負っている感じですが、やりがいはあります。何より、ずっとめざしていた肌の研究にかかわれていることがうれしいですね。

世の中にない〝感触〟をつくりたい

今、私が行っている研究が具体的な製品に結びつくのは、おそらく4、5年先です。少し遠いですが未来に世に出ることを想像して、「お客さまに喜んでもらえるように」と思いながら目の前のデータと向き合っています。

化粧品についての評価をインタビューすることも

そして、研究員としては今まで知られていなかったことがわかったり、自分の手で解明できたりしたときが、やっぱりうれしい。いつかは、今までになかったような感触、たとえば〝やみつきになるような感触〟とか、〝触ると心が癒される感触〟とかをつくっていきたいなと思っています。

今、うつの方や心が疲れている方が多いですよね。薬ではなく、化粧品で、「塗ると、肌触りが心地よくて、なんだか元気が出る」というようなものをつくれれば、きっと多くの人に喜んでいただけるはずです。もしもそんな〝感触〟をつくることができれば、タオルや洋服など感触が重要とされる化粧品以外の製品に反映させることもできるでしょうし、薬学部で学んだ知識もさらに活かせるかなと思っています。

5章

薬学部をめざすなら
何をしたらいいですか？

Q21 薬学部のある大学の探し方・比べ方を教えてください

文部科学省のウェブサイトで情報収集

薬学部のある大学は、2022年現在、国立・公立・私立を合わせて77校ある。すべての都道府県にあるわけではないので、まずは自分が住む都道府県内にあるか、調べてみよう。参考になるのが、文部科学省のウェブサイトだ。「薬科大学（薬学部）学科別一覧」として、薬学部をもつ大学の一覧が公開されている。

77の大学のうち、国立は14校、公立は5校のみ。つまり、多くは私立大学だ。国公立と私立では、授業料など、大学に収める金額が大きく違う。国公立は6年間で350万円前後だが、私立では1000万円を超えることがほとんど。私立のほうが学費は高くなるが、家から通える場所にあれば生活費は安くなるかもしれない。トータルで考えよう。

6年制か、4年制か

薬学部を選ぶときには、まず、「薬剤師をめざせる6年制に行きたいのか、研究をメーンとする4年制に行きたいのか」を考えることが肝心だ。

大学によって、6年制と4年制の定員は違う。「将来どう働くにしても薬剤師資格は取っておきたいな」と考える学生は多いと思うので、多くの大学では、6年制のほうが定員は多く、偏差値も高くなりがち。特に私立大学では、6年制のみの大学も結構ある。

ただ、国立大学の場合は、ちょっと違う。6年制も4年制も同じくらいの定員か、逆に4年制のほうが多い大学もある。たとえば、ある国立大学では6年制の薬学科の定員が8人で、4年制の薬科学科の定員が72人と、4年制のほうがずっと多い。

それから、6年制の学科に進むのか、4年制の学科に進むのかをどの時点で選ばなければいけないのかも、大学によって違う。大事なポイントなので、気をつけよう。

受験の時点から6年制の学科と4年制の学科が分かれているところもあれば、1、2年生までは同じ授業で、3年生から分かれるところも。ちなみに、多いのは前者だ。だから、受験の前に、「将来どう働きたいのか」「何を勉強したいのか」を考えておいてほしい。

ただ、薬剤師の仕事にも研究にも興味があって悩む人もいるだろう。その場合、途中で学科を選ぶことのできる大学に行けば、薬学部の授業を受けながら進路を考えることができる。ただし、この場合、もし自分が希望する学科のほうが人気で、定員よりも多くの学生が希望したら、成績順で決まることが多いんだ。そのことは覚えておこう。

薬学部単科の大学か、総合大学か

薬学部だけをもつ「薬科大学」か、薬学部以外にもいくつかの学部のある「総合大学」かも大学選びのポイントのひとつ。薬科大学の場合、みんなが同じ勉強をしているという一体感があり、「勉強に打ち込みやすい」という人もいる。

一方で、総合大学の魅力は、いろいろな学問を学んでいる学生がいること。1、2年生のときの教養科目は文系の学生などといっしょに学ぶ大学が多いほか、医学部や看護学部もある大学では、合同で実習やグループワークを行うなど、学生のときから「チーム医療」を体験できることも多い。特に同じキャンパスに医療系の学部がある大学では、合同の授業が組まれたり、サークルや部活動でいっしょになったり、交流する機会が多いんだ。

卒業後の進路や研究の内容も見ておこう!

4章で伝えた通り、薬学部を卒業後の進路はさまざまだ。病院や薬局に就職する人がほとんどなのか、企業へ就職する人も多いのかなど、大学によって傾向は異なるため、主な就職先を見ておこう。また、研究に興味がある人は、どんな研究室があるのか、どんな研究を専門とする教授がいるのかも調べておくといいと思う。

それから、薬剤師をめざす人にとっては、国家試験の合格者数と合格率も気になるところ。薬学部で6年間学べば自動的に資格をもらえるわけではない。国家試験に合格しなければ、薬剤師にはなれない。だから、ほとんどの大学が合格率や合格者数を大学案内のパンフレットやウェブサイトで公表している。つい合格率にばかり目がいきがちだが、同時に、受験者数と入学者数も見てほしい。もし入学者数に比べて、受験者数がかなり減っている場合は、6年の間に留年や退学で脱落した人がそれなりにいるということだ。

そのほか、入試の難易度も、大学選びを左右するよね。偏差値はもちろん、入試科目も大学によって異なる。理科、特に化学が必須になっている大学が多いが、そのほかは国語や数学、英語などいろいろ。なかには面接があるところも。

ここまでに紹介したような情報は大学のパンフレットやウェブサイトを見ればわかるが、実際の雰囲気はやっぱり行ってみなければわからない。キャンパスの雰囲気も大学によって違う。もし機会があればオープンキャンパスに参加しよう。

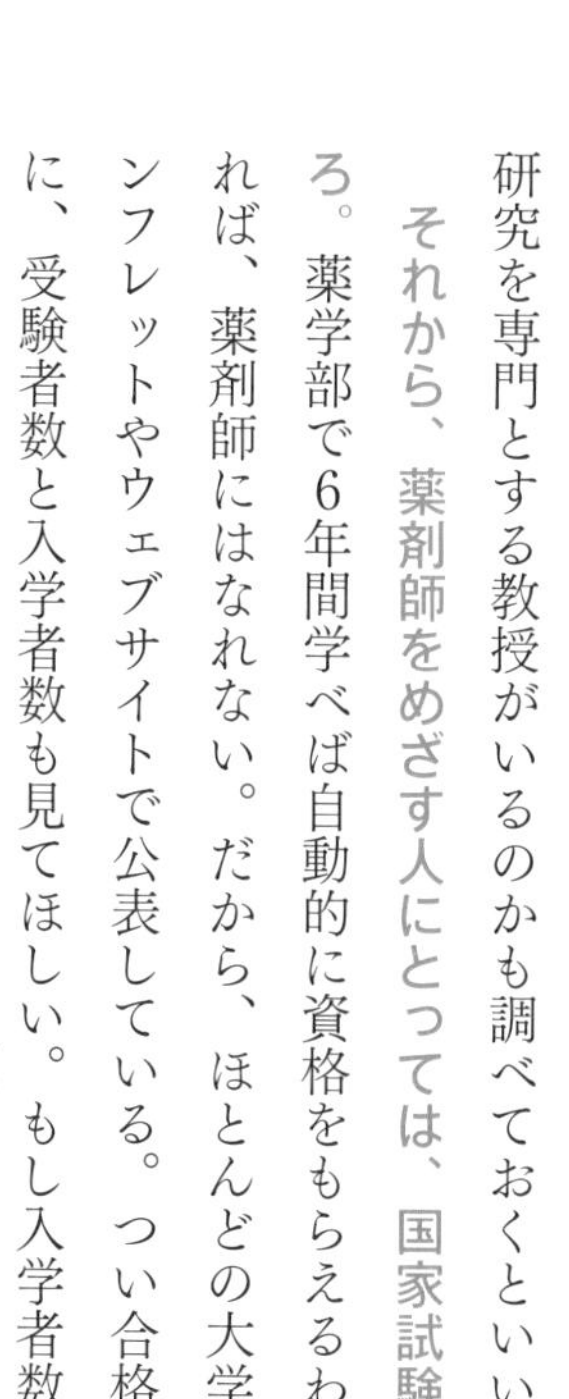

Q22

かかわりの深い教科はなんですか？

生物、物理、化学が基本

2章でも紹介したように、薬学部での勉強のベースになるのが、「生物」「物理」「化学」という自然科学系の知識だ。6年制に進むにしても、4年制に進むにしても、薬について学ぶ上で、これらの科目は切っても切り離せない。

薬学部の入試では、理科は「生物・物理・化学」のなかから1、2科目を選択する形式だったり、化学のみで受験ができたりすることが多いので、受験勉強という意味では、三つの科目がすべて得意でなくてもだいじょうぶ。でも、大学に入ったら、生物も物理も化学もすべてまんべんなく勉強することになるよ。

ところで、高校の理科は、化学、物理、生物から選択することが多いよね。どれも薬学部に入ってからも必須の科目なので、どれを選んでも役に立つ。ただ、強いていうなら、薬学部に通う学生に話を聞くと、「化学、物理を勧めるかな」と話してくれた人が多かっ

た。まず、化学は受験で必要になることが多い。一方、物理と生物で比べると、生物は覚えることが多いし、高校で学ぶことと大学で学ぶことはちょっと視点が違うため大学に入ってから一から学んでもいいが、物理は暗記というよりも考え方が重要だ。物理の基本的な考え方が身についていると、大学での授業もスムーズに理解しやすいそうだ。

とはいえ、化学、物理を選択しなかった人もだいじょうぶ。大事な科目だからこそ、大学に入ってから基礎から教えてくれる。物理にしても、生物、化学にしても、いずれかの科目に苦手意識があったり、高校時代に履修していなかったりしたとしても、薬学部をあきらめる必要はない。大学によっては、入学時の習熟度によってクラスを分けて授業を進めてくれるところ、高校時代に履修していない人向けの授業を用意しているところもあるので、薬学部に入ってからでも間に合うよ。

身についていると役立つ数学

薬学部をめざすなら、数学も身につけておいてほしいもの。というのは、薬学を学ぶ中で「ツール」として使うことが多いんだ。

たとえば、薬を学ぶ上で欠かせない「薬物動態学」。投与した薬が体内でどう動くのかを学ぶんだけれど、そこでは微分や積分などを使って計算していく。

それから、薬の効果や副作用を解析するには統計学の知識も重要だ。高校時代の数学で出てきた確率などが身についていると、大学に入ってから学ぶ統計学の授業も理解がしやすいはず。

意外といろいろな場面で使うことになるので、数学の基礎学力があると、役立つと思う。

人に伝える、情報を集めるには英語や国語も

薬学部をめざす人は、理系科目が好きな人が多いんじゃないかな。**では、文系科目は必要ないのかというと、決してそんなことはない。**

まず、薬剤師をめざすのなら、患者さんにわかりやすく「説明する」、チーム医療の中でほかの職種の人たちに必要な情報を的確に「伝える」、服薬状況に関して必要なことを端的に「記録する」……など、国語力が求められる。

薬剤師の仕事は、処方箋に基づいて薬をそろえる「調剤」のイメージが強いかもしれないけれど、最近では「服薬指導」といって、患者さんが正しく薬を服用できるように説明することの重要性が増している。年代もいろいろ、医療や薬に関する知識もいろいろな患者さんに、ちゃんと納得してもらえるように伝えるには、言葉の選び方も大事だよね。

薬学の研究のほうをめざすにしても、研究結果を研究室の中で共有したり、論文に書い

たり、あるいは学会で発表したりする機会がある。だから、起こったことを端的に正確にまとめる、伝える力が欠かせない。

それから、英語ができればやっぱり役に立つ。薬学部での学びの中で必ず英語が必要となるのが、論文を読むとき。医学論文は英語で書かれているものが多いんだ。論文の英語は専門用語が多いので、高校までに習った英語や英会話に出てくる英語とはまた違うかもしれない。でも、英語に対する苦手意識が払拭されていれば、論文も読みやすいんじゃないかな。英語で論文が読めるようになると、情報収集の幅が広がる。

大学の研究室のなかには留学生が多く、ふだんから英語でコミュニケーションを取っているところもあるし、卒業後のことを考えても、英語力を採用の条件に掲げている製薬企業もある。大学でも英語を学ぶ授業はあるけれど、薬学の専門的な授業が始まると、その勉強でいっぱいになってしまいがちなので、高校までに勉強しておくと役立つよ。

だから、生物も物理も化学も、数学、国語、英語も、いろいろな科目をバランスよく勉強しておくとよい、ということだね。

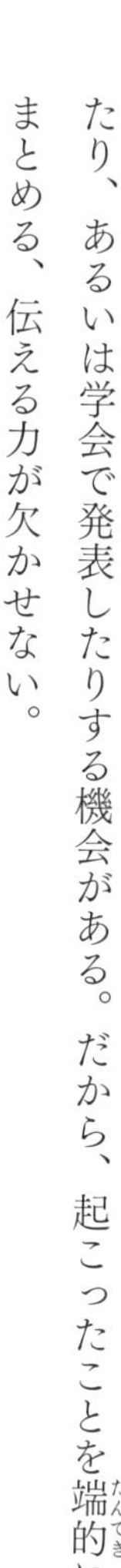

Q23 学校の活動で生きてくるようなものはありますか？

グループでの学習・活動を楽しもう

薬剤師という仕事や研究職という仕事に対して、もしかしたら「黙々と作業をする」というイメージをもっていた人もいるかもしれない。でも、ここまで読み進めてくれたのなら、もうわかっているよね。薬学は人とかかわる学問なんだ、と。

今の医療では、医師や看護師、理学療法士、栄養士、ケアマネジャーなど、いろいろな専門性をもった人たちがチームを組んで、一人ひとりの患者さんの治療やケアにあたる。薬剤師も薬のプロとして、チームに加わり、薬剤師ならではの視点で意見を言ったり、できることを提案したりすることが求められる。

だから、薬学部での学習のなかでも、ほかの医療職をめざしている学生たちといっしょに実習やグループワークなどを行う「連携教育」に力を入れる大学が増えている。医学部や看護学部ももつ総合大学はもちろん、薬学部のみの薬科大学でも、近隣のほかの大学

と連携していっしょに実習や授業を行う機会を設けているところもあるんだ。薬学部内の授業でも、グループに分かれて実験をする、少人数のグループでディスカッションするなど、チームで何かに取り組む機会は多い。

研究だって、一人で黙々と行うのかというとそうではない。先生に指導してもらったり、わからないことがあったら研究室の先輩や仲間に相談したりしながら、進めていく。研究はトライ・アンド・エラーの連続といわれるけれど、失敗のなかから答えを見つけるヒントも、人との会話の中にあったりする。

こうした「人とかかわり」「チームでものごとに取り組む」ことは、ぜひ、中学・高校のときから積極的に経験してほしい。たとえば、夏休みの宿題のグループ研究や、理科の授業での実験、部活動や委員会活動など、いろいろあるよね。その中で、自分とは違う意見を聞いたり、役割分担を考えたり、バラバラな意見をまとめたり、助け合ったり、みんなでひとつのことをめざしたりということを楽しんでほしい。その経験は、きっと、薬学部での学習の中でも、薬学部を卒業したあと社会に出てからも生きてくると思う。

人との出会いを大事にしよう

「いろいろな人とかかわりをもって、コミュニケーションを取ってほしい」。

これは、この本でインタビューをさせてもらった先生や卒業生の方が共通して教えてくれたこと。**薬剤師として働くにしても、製薬企業や研究機関などで働くにしても、人とかかわりながら仕事をすることになる。それに、薬というのは、最終的には人に使ってもらうもの。その人たちがどんなことを感じているのか、考えているのかを知ることも大事なんだ。**

といっても難しいことではない。勉強だけではなく、友だちといっしょに過ごす時間や、先生や部活動のコーチ、塾の講師といった身近な大人の人たちと話す時間も大事にしてほしいということ。いろいろな人と話していると、「あ、この子はこういうことが得意なんだ」とか、「こんな世界があるんだ」とか、新しい気付きがあって、自分自身の興味や知識や経験も広がっていくよね。それって、すごく貴重なことなんだよ。

薬学部に入ってからも、1、2年生のときには一般教養として、一見、薬学とはかかわりのなさそうな哲学や社会学、経済学、語学なども学ぶ。「薬学部の勉強に必要なの？」と思うかもしれないね。

でも、薬にまつわる専門的な知識は薬学部で学ぶ中で、あるいは薬にかかわる仕事に就けば自然に増えていくと思う。その中で、友人づきあいをはじめ、人とのかかわりの中で得たもの、一般教養として学んだものは、自分自分の個性になり、患者さんやいっしょに働く人たちとコミュニケーションを取るときの引き出しを増やしてくれる。将来どんな仕事をするにしても、助けになるはずだよ。

今できること、今やりたいことを一生懸命に

薬学部の授業は、ほかの多くの学部に比べると必修が多いし、実習やレポート、試験も多い。その中でも、うまく時間をつくりながら部活動やサークル活動を続けていたり、アルバイトや友人との時間を楽しんでいたりする学生は多いけれど、一般的な大学生活に比べると、学ぶことが多いぶん、忙しいと思う。

だからこそ、中学・高校時代には「今できること」「今やりたいこと」に一生懸命取り組んでおくこともお勧めしたい。体育祭や文化祭、音楽やスポーツ、読書……。なんでもいいんだ。その中で、きっと人との出会いや新しい考えとの出合いがあるはず。

中学・高校時代にやりたいことを一生懸命やって、楽しむ経験をちゃんとしてきた人ほど、薬学部に入ってからの勉強も一生懸命がんばれるんじゃないかな。

人とのかかわりを楽しもう

Q24 すぐに挑める薬学部にかかわる体験はありますか？

オープンキャンパスで薬学部生活を体験

まず、お勧めしたいのが、「オープンキャンパス」。多くの大学では7月、8月あたりに開催しているよ（なかには、春や秋に開催している大学も）。

オープンキャンパスでは、薬学部の授業を体験する「模擬授業」、図書館や植物園、調剤室などの施設を見学する「キャンパスツアー」、研究室で薬にまつわる実験を行う「実験体験」、薬学部の先生や在学生から直接話を聞くことができる「個別相談」など、薬学部での学生生活をイメージするのに役立ついろいろなプログラムが用意されている。

オープンキャンパスは予約制のところ、定員を区切って先着順で受けつけているところも多いので、気になる大学があれば、早めに調べておこう。特に実験体験は、人数が限られている上、人気も高い。申し込み開始からすぐに定員に達してしまうことが多いそうなので、興味がある人は早めに申し込もう。

また、キャンパスの雰囲気を体験するには、学園祭に参加するのもひとつの方法だ。特に薬学部だけで開催する薬学祭（大学によって名前はいろいろ）では、薬剤師体験や薬草教室、公開講座など、薬学部ならではのイベントが用意されているから参考になると思う。

ところで、オープンキャンパスや学園祭に行きたくても、遠くて行けない、あるいはその日にどうしても参加できないこともあるよね。そういう学生たちのために、オープンキャンパスでの模擬講義やふだんの講義をインターネット上で公開してくれている大学もあるんだ。これなら家にいながら薬学部の授業を体験することができるよ。

薬用植物園を見学しよう

薬学部には、キャンパス内に必ず薬用植物園がある。漢方薬の材料として使われている植物や、医薬品原料や食品となっている植物などがたくさん栽培されていて、薬学部の授業のなかで見学や実習を行ったり、研究のために使われたりしているんだ。ほとんどの大学では一般公開しているので、めずらしい植物を探しに見学に行ってみよう。

体験イベントでなりきり薬剤師

最近では、「薬への関心を高めてほしい」「薬剤師の存在を身近に感じてほしい」といった思いから、薬剤師の仕事を体験できるイベントを開催する薬局も増えている。薬局のカウンターの奥ではどんな仕事が行われているのかを知ることができる、またとないチャンスだ。もし近くの薬局で薬剤師体験イベントの予定があれば、ぜひ参加してほしい。

ところで、毎年10月17～23日までの1週間は、「薬と健康の週間」だと知っているかな？　薬を正しく使うことの大切さ、そのために薬剤師が果たす役割の大切さを知ってもらうために、厚生労働省と都道府県、日本薬剤師会が定めたもの。この期間中は、全国で薬に関する相談会や講演、調剤体験のイベントなど、薬と健康にまつわるいろいろな催し物が行われる。自分が住んでいる地域でもイベントがないか、調べてみてほしい。

薬局やドラッグストアで働く姿を観察

ふだんから、薬局やドラッグストアに行くこともあるよね。自分自身が風邪をひいたり、家族が体調を崩したり、ちょっとピンチのときが多いかもしれないけれど、せっかくの機会だから、薬剤師さんがどのように働いているのか見てみよう。そして、もし薬のことで気になることがあったら、ぜひ質問してほしい。きっと、あなたに合わせて、わかりやすく説明してくれると思う。

薬を使う薬剤師をめざすにしても、薬をつくる仕事にかかわるにしても、薬を最終的に届けないといけないのは患者さんだ。だから、患者、または患者の家族として体験することも、薬学部での勉強の役に立つはず。

本やマンガでイメージを膨らませる

薬学部で学んだ先の世界が知りたいと思ったら、薬剤師が登場する小説やマンガ、薬学部の先生が書いている本を読むのもお勧め。たとえば、『アンサングシンデレラ　病院薬剤師　葵みどり』というマンガは、病院で働く薬剤師が主人公だ。実際に病院で働いている薬剤師さんが医療原案を務めているので、薬剤師のリアルな日常が描かれている。

調剤などの業務をテキパキとこなしながら、一人ひとりの患者さんにも目を配り、不安そうな人がいれば声をかける――。そんな患者さん思いの薬剤師の姿が描かれているので、薬剤師をめざす人にとっては働く姿をイメージするのに役立つんじゃないかな。

ほかにも、気になっている大学の薬学部の先生が書いている一般向けの本や、薬の誕生秘話に関する本も、手に取ってみてほしい。

キャンパスや薬局、本やマンガで薬学の世界を体験しよう

著者紹介

橋口佐紀子（はしぐち さきこ）

1981年鹿児島県生まれ。慶應義塾大学文学部卒業。医療系出版社を経て、現在はライターとして、医療や健康、福祉に関する取材記事、人物取材を中心に執筆。著書に、『医療を支える女たちの力』（へるす出版）、『看護師になる！ 2012』『再生 銚子市立病院』（ともに日労研）、『しごと場見学！ クリニック・薬局で働く人たち』『視能訓練士になるには』（ぺりかん社）などがある。

なるにはBOOKS 大学学部調べ

薬学部 中高生のための学部選びガイド

2020年7月10日　初版第1刷発行
2023年9月25日　初版第3刷発行

著者　橋口佐紀子
発行者　廣嶋武人
発行所　株式会社ぺりかん社
〒113-0033　東京都文京区本郷1-28-36
TEL：03-3814-8515（営業）/03-3814-8732（編集）
http://www.perikansha.co.jp/

装幀・本文デザイン　ごぼうデザイン事務所
装画・本文イラスト　保田正和
写真　編集部
印刷・製本所　株式会社太平印刷社

ISBN978-4-8315-1568-1
Printed in Japan

仕事の実際から
なり方まで解説

なるにはBOOKS

B6判／並製カバー装
平均160頁

73 自然保護レンジャーになるには

須藤ナオミ・藤原祥弘著／キャンプよろず相談所編

❶人と自然の共生をめざして
❷自然保護と環境省レンジャーの世界［歴史、生活と収入、なるには］
❸民間レンジャーの世界［日本自然保護協会、日本野鳥の会、東京都レンジャー、パークレンジャー、なるには］

★★★

27 学術研究者になるには(人文・社会科学系)(改訂版)

小川秀樹(岡山大学教授)著

❶第一線で活躍する研究者たち
❷学術研究者の世界［学術研究者とは、人文・社会科学系の学問とは、研究所の実際、研究者の生活他］
❸なるにはコース［適性と心構え、就職の実際他］／他

☆

138 社会起業家になるには

籏智優子(フリーライター)著

❶社会問題の解決に向けて
❷社会起業家の世界［社会起業家とは？、世界の社会起業家たち、活躍する分野、生活と収入、将来性］
❸なるにはコース［適性と心構え／養成施設／起業するには］

☆

143 理系学術研究者になるには

佐藤成美(サイエンスライター)著

❶研究する日々の喜び！
❷理系学術研究者の世界［学術研究者と論文、理系の学問と研究分野、研究施設のいろいろ、生活と収入他］
❸なるにはコース［適性と心構え、理系学術研究者への道他］

☆

補巻13 ＮＰＯ法人で働く

小堂敏郎(経営ジャーナリスト)著

❶ＮＰＯ法人とは／私はこうしてＮＰＯ法人に就職した［食事でアフリカ支援、学校で社会を学ぶ、湖を再生する取り組み
❷ＮＰＯ法人の世界［ＮＰＯ法人の仕組み、ＮＰＯ法人の収入と職員の給与］
❸ＮＰＯ法人で働くために

☆

151 バイオ技術者・研究者になるには

堀川晃菜(サイエンスライター)著

❶生物の力を引き出すバイオ技術者たち
❷バイオ技術者・研究者の世界［バイオ研究の歴史、バイオテクノロジーの今昔、研究開発の仕事、生活と収入他］
❸なるにはコース［適性と心構え、学部・大学院での生活、就職の実際他］

☆☆☆

補巻16 アウトドアで働く

須藤ナオミ(アウトドアライター)著／キャンプよろず相談所編

❶アウトドアの仕事とは
❷用具にかかわる仕事［販売員、メーカー社員］／フィールドにかかわる仕事［登山ガイド他］／メディアにかかわる仕事／安全と命にかかわる仕事他

☆

144 気象予報士・予報官になるには

金子大輔(桐光学園教員・気象予報士)著

❶気象予報の現場から
❷気象予報士・予報官の世界［天気予報とは、気象予報の歴史、気象予報の仕事、生活と収入、将来］
❸なるにはコース［適性と心構え、気象予報士試験、就職の実際他］

☆

大学学部調べ 理学部・理工学部

佐藤成美(サイエンスライター)著

❶理学部・理工学部はどういう学部ですか？
❷どんなことを学びますか？
❸キャンパスライフを教えてください
❹資格取得や卒業後の就職先は？
❺めざすなら何をしたらいいですか？

☆☆☆

大学学部調べ 看護学部・保健医療学部

松井大助(教育ライター)著

❶看護学部・保健医療学部はどういう学部ですか？
❷どんなことを学びますか？
❸キャンパスライフを教えてください
❹資格取得や卒業後の就職先は？
❺めざすなら何をしたらいいですか？

☆☆☆

☆☆☆…1600円　★★★…1500円　☆☆…1300円　★★…1270円　☆…1200円　★…1170円(税別価格)

大学学部調べ **医学部**

浅野恵子(フリーライター)著

❶医学部はどういう学部ですか？
❷どんなことを学びますか?
❸キャンパスライフを教えてください
❹資格取得や卒業後の就職先は？
❺めざすなら何をしたらいいですか？

☆☆☆

大学学部調べ **社会学部・観光学部**

中村正人(ジャーナリスト)著

❶社会学部・観光学部はどういう学部ですか？
❷どんなことを学びますか?
❸キャンパスライフを教えてください
❹資格取得や卒業後の就職先は？
❺めざすなら何をしたらいいですか？

☆☆☆

大学学部調べ **経営学部・商学部**

大岳美帆(ライター・編集者)著

❶経営学部・商学部はどういう学部ですか？
❷どんなことを学びますか?
❸キャンパスライフを教えてください
❹資格取得や卒業後の就職先は？
❺めざすなら何をしたらいいですか？

☆☆☆

大学学部調べ **文学部**

戸田恭子(フリーライター)著

❶文学部はどういう学部ですか？
❷どんなことを学びますか?
❸キャンパスライフを教えてください
❹資格取得や卒業後の就職先は？
❺めざすなら何をしたらいいですか？

☆☆☆

大学学部調べ **獣医学部**

斎藤 智(ライター・編集者)著

❶獣医学部はどういう学部ですか？
❷どんなことを学びますか?
❸キャンパスライフを教えてください
❹資格取得や卒業後の就職先は？
❺めざすなら何をしたらいいですか？

☆☆☆

大学学部調べ **工学部**

漆原次郎(科学技術ジャーナリスト)著

❶工学部はどういう学部ですか？
❷どんなことを学びますか?
❸キャンパスライフを教えてください
❹資格取得や卒業後の就職先は？
❺めざすなら何をしたらいいですか？

☆☆☆

大学学部調べ **栄養学部**

佐藤成美(サイエンスライター)著

❶栄養部はどういう学部ですか？
❷どんなことを学びますか?
❸キャンパスライフを教えてください
❹資格取得や卒業後の就職先は？
❺めざすなら何をしたらいいですか？

☆☆☆

大学学部調べ **法学部**

山下久猛(フリーライター)著

❶法学部はどういう学部ですか？
❷どんなことを学びますか?
❸キャンパスライフを教えてください
❹資格取得や卒業後の就職先は？
❺めざすなら何をしたらいいですか？

☆☆☆

大学学部調べ **外国語学部**

元木裕(フリーライター)著

❶外国語学部はどういう学部ですか？
❷どんなことを学びますか?
❸キャンパスライフを教えてください
❹資格取得や卒業後の就職先は？
❺めざすなら何をしたらいいですか？

☆☆☆

大学学部調べ **教育学部**

三井綾子(フリーライター)著

❶教育学部はどういう学部ですか？
❷どんなことを学びますか?
❸キャンパスライフを教えてください
❹資格取得や卒業後の就職先は？
❺めざすなら何をしたらいいですか？

☆☆☆

＊「大学学部調べ」のみ四六判

【なるにはBOOKS】ラインナップ

税別価格 1170円〜1700円

1 パイロット
2 客室乗務員
3 ファッションデザイナー
4 冒険家
5 美容師・理容師
6 アナウンサー
7 マンガ家
8 船長・機関長
9 映画監督
10 通訳者・通訳ガイド
11 グラフィックデザイナー
12 医師
13 看護師
14 料理人
15 俳優
16 保育士
17 ジャーナリスト
18 エンジニア
19 司書
20 国家公務員
21 弁護士
22 工芸家
23 外交官
24 コンピュータ技術者
25 自動車整備士
26 鉄道員
27 学術研究者(人文・社会科学系)
28 公認会計士
29 小学校教諭
30 音楽家
31 フォトグラファー
32 建築技術者
33 作家
34 管理栄養士・栄養士
35 販売員・ファッションアドバイザー
36 政治家
37 環境専門家
38 印刷技術者
39 美術家
40 弁理士
41 編集者
42 陶芸家
43 秘書
44 商社マン
45 漁師
46 農業者
47 歯科衛生士・歯科技工士
48 警察官
49 伝統芸能家
50 鍼灸師・マッサージ師
51 青年海外協力隊員
52 広告マン
53 声優
54 スタイリスト
55 不動産鑑定士・宅地建物取引主任者
56 幼稚園教諭
57 ツアーコンダクター
58 薬剤師
59 インテリアコーディネーター
60 スポーツインストラクター
61 社会福祉士・精神保健福祉士
62 中小企業診断士
63 社会保険労務士
64 旅行業務取扱管理者
65 地方公務員
66 特別支援学校教諭
67 理学療法士
68 獣医師
69 インダストリアルデザイナー
70 グリーンコーディネーター
71 映像技術者
72 棋士
73 自然保護レンジャー
74 力士
75 宗教家
76 CGクリエータ
77 サイエンティスト
78 イベントプロデューサー
79 パン屋さん
80 翻訳家
81 臨床心理士
82 モデル
83 国際公務員
84 日本語教師
85 落語家
86 歯科医師
87 ホテルマン
88 消防官
89 中学校・高校教師
90 動物看護師
91 ドッグトレーナー・犬の訓練士
92 動物園飼育員・水族館飼育員
93 フードコーディネーター
94 シナリオライター・放送作家
95 ソムリエ・バーテンダー
96 お笑いタレント
97 作業療法士
98 通関士
99 杜氏
100 介護福祉士
101 ゲームクリエータ
102 マルチメディアクリエータ
103 ウェブクリエータ
104 花屋さん
105 保健師・養護教諭
106 税理士
107 司法書士
108 行政書士
109 宇宙飛行士
110 学芸員
111 アニメクリエータ
112 臨床検査技師
113 言語聴覚士
114 自衛官
115 ダンサー
116 ジョッキー・調教師
117 プロゴルファー
118 カフェオーナー・カフェスタッフ・バリスタ
119 イラストレーター
120 プロサッカー選手
121 海上保安官
122 競輪選手
123 建築家
124 おもちゃクリエータ
125 音響技術者
126 ロボット技術者
127 ブライダルコーディネーター
128 ミュージシャン
129 ケアマネジャー
130 検察官
131 レーシングドライバー
132 裁判官
133 プロ野球選手
134 パティシエ
135 ライター
136 トリマー
137 ネイリスト
138 社会起業家
139 絵本作家
140 銀行員
141 警備員・セキュリティスタッフ
142 観光ガイド
143 理系学術研究者
144 気象予報士・予報官
145 ビルメンテナンススタッフ
146 義肢装具士
147 助産師
148 グランドスタッフ
149 診療放射線技師
150 視能訓練士
151 バイオ技術者・研究者
152 救急救命士
153 臨床工学技士
154 講談師・浪曲師
155 AIエンジニア
156 アプリケーションエンジニア
157 土木技術者
158 化学技術者・研究者
159 航空宇宙エンジニア
160 医療事務スタッフ

学部調べ 看護学部・保健医療学部
学部調べ 理学部・理工学部
学部調べ 社会学部・観光学部
学部調べ 文学部
学部調べ 工学部
学部調べ 法学部
学部調べ 教育学部
学部調べ 医学部
学部調べ 経営学部・商学部
学部調べ 獣医学部
学部調べ 栄養学部
学部調べ 外国語学部
学部調べ 環境学部
学部調べ 教養学部
学部調べ 薬学部
学部調べ 国際学部
学部調べ 経済学部
学部調べ 農学部
学部調べ 社会福祉学部
学部調べ 歯学部
学部調べ 人間科学部
学部調べ 生活科学部・家政学部
学部調べ 芸術学部
学部調べ 情報学部
学部調べ 体育学部・スポーツ科学部
学部調べ 音楽学部

※一部品切・改訂中です。 2023.06.